포스트모더니즘에 대한 성찰

차례

Contents

03 왜 아직도 포스트모더니즘인가 07 포스트모더니즘의 계기 18 포스트모더니즘의 철학사적 이해 32 근대성 비판 41 포스트모더니즘의 철학적 함의 54 포스트모더니즘의 철학 69 탈형이상학으로서의 포스트모더니즘 87 우리의 탈근대-포스트모더니즘을 넘어

왜 아직도 포스트모더니즘인가

포스트모더니즘(postmodermism)이라 이름하는 괴이한 사조는 어느 날 돌풍처럼 우리 문화 안으로 다가왔다가, 어느덧 지금은 그 흔적조차 느끼기 힘들게 되었다. 이 사상이 가리키는 바와 말하고자 하는 것이 정확히 무엇인지도 깨닫기 전에 일어난 현상이다. 몇 해 전 너도나도 앞다투어 야단법석을 떨던 때를 생각해보면 지금의 냉소에 찬 의혹의 눈길은 도통 믿기지가 않는다. 과연 포스트모더니즘은 그런 일시적 유행처럼 가볍게 다루어도 되는 사조인가?

일반적으로 포스트모더니즘이란 말이 지니는 의미는 매우 다양하고 명확하지 못하다. 심지어 서로 모순되는 내용을 담고 있기도 하다. 문학이나 예술·평론 등에서 "이 양식은 포스트모던적이야"라 말할 때 그것이 내포하는 정확한 의미를 이해할 수 있는가. 거의 그렇지 못하다. 그 이유는 먼저 포스트모더니즘이란 말이 다양한 의미를 담고 있기 때문이며, 대부분의 경우 그 의미조차도 명확하게 규정하지 않고 사용하기 때문이다. 둘째로는 포스트모더니즘 자체가 지니는 통일되지 않은 사상체계 때문이기도 하다. 이러한 모호함에도 불구하고 이 말이 오늘날 문예비평·예술·건축·음악·역사뿐만 아니라 철학에서도 중요한 시대적 담론으로 자리하고 있다는 사실을 부정하기는 어렵다. 우리 학문계와 문화·사회 영역에서는 지난 몇 년 동안 서구에서 생성된 새로운 사조의 하나인 이 사상을 수입하였다. 그 과정에서 포스트모더니즘은 상당히 전위적인 관점에서 첨단의 사상적 유행으로 파악된 것이 사실이다. 그와는 반대로 포스트모더니즘을 모든 사회규범과 의식, 전통적 체계를 해체한다는 관점에서 이해하는 사람들은 극단적인 거부 반응까지 보이기도 했다.

한편에서의 맹목적 추종과 다른 한편에서의 본능적 거부가 포스트모더니즘에 대한 우리의 반응이었다 해도 지나친 말이 아니다. 언제나 그랬듯이 우리는 이 사상에 담긴 의미를 진지하게 성찰하거나 깊이 있게 다루어보지도 않았다. 그것이 주는 철학·문화적 의미에 대한 숙고는 어디에도 없이 그저 흘러넘치는 담론으로, 그러다가 이제는 지나가버린 옛 노래 정도로 치부하고 있다. 포스트모더니즘이란 말을 들으면 대부분의 사람들은 "아직도 포스트모더니즘인가"라는 정도의 반응을 보일 뿐이다. 서구에서는 이제야 포스트모더니즘에 대한 성찰과 깊이 있는 논의를 전개하고 있는데 말이다.

서구의 근대가 문제되고 학문의 수입성과 식민성, 우리 학문의 근거 자체가 논란되는 이 시점에서 우리는 다시 한번 진지하게 이 말이 지니는 의미를 되새겨봐야 한다. 그리고 이 말이 우리 사회 전반에 걸쳐 불러있으켰던 유행성의 뿌리에 대해 철저히 성찰해봐야 할 것이다. 근대를 벗어나고자 하는 철학적 성찰, 서구의 체계를 벗어나려는 탈식민의 노력, 우리의 삶을 깊이 있게 되돌아보려는 고뇌 안에서 이제 포스트모더니즘이 새롭게 조명되어야 한다. 이러한 작업은 세 가지 층위에서 주어진다. 먼저 포스트모더니즘이 지니는 철학적 층위이다. 그것은 철학으로서의 포스트모더니즘이 근대와 맺는 관계에 따라 이 사조의 내용을 그 자체로 논의하는 문제이다. 둘째로 후기 산업사회, 후기 근대, 다원주의 사회로 변해가는 우리의 삶의 지평 전체를 성찰하는 과정에서 주어진 포스트모더니즘에 대한 논의이다. 마지막으로 포스트모더니즘 담론이 우리 사회에서 논의되었던 외적 층위에 대한 문제이다. 그것은 왜 포스트모더니즘은 유행으로 다가왔다가 제대로 성찰되지도 못한 상태에서 이미 진부한 논의, 또는 이미 극복된 논의인 양 생각하게 되었는가의 문제이다.

포스트모더니즘의 모든 논의들이 니체(F. Nietzsche)와 하이데거(M. Heidegger)에게 사상적으로 거대한 빚을 지고 있으며, 후기구조주의(poststructuralism)에서 촉발되었음에도 불구하고 우리 지성계에서는 그에 대해 원전에 따른 논의를 진행시킨 바가 없다. 이런 사실을 볼 때, 우리가 얼마나 거품적인 유행 사조에 민감한가를 진지하게 반성할 필요가 있다. 몇 년 전만 해도 스스로를 포스트모던주의자라고 밝혔던 수많은 학자들은 왜 오늘날 포스트모더니즘에 대해 침묵하고 있는가. 포스트모더니즘은 이미 극복된 사유인가. 왜 그 누구도 포스트모더니즘이란 사조가 지닌 역사적 배경이나 그 내용, 철학적 의의에 대해서는 깊이 있게 논의해보지도 않은 상태에서 벌써 다른 주제로 논의를 옮기고 있는지에 대한 반성이다.

포스트모더니즘의 계기

역사적 계기

포스트모더니즘은 문예학 분야에서 처음으로 사용되었던 개념이었다. 그러다가 건축 분야로 확산되고 곧 이어 미술사의 새로운 조류를 지칭하는 말로 쓰이게 된다. 1975년, 젠크스(Ch. Jencks)는 문학용어에서의 포스트모던을 건축 분야에 적용하였다. 독일의 경우 1984년, 스털링(J. Stirling)이 건축한 슈투트가르트 국립미술관의 신관을 포스트모던 건축의 시초로 거론한다(그 건물의 양식이 여러 면에서 모더니즘의 건축과는 차이를 지니기 때문이다). 이때쯤 포스트모더니즘이란 용어는 다른 영역들, 예를 들어 사회학이나 문학비평, 역사학 심지어는 신학에까지 확산되면서 마침내 근대와의 관계를 전면적으로 반성하는 철학적 포스트모더니즘으로 이어진다. 이미 1980년대 중반 포스트모더니즘은 예술 분야를 넘어 문화 전반으로 이어지고 그 속도는 말 그대로 섬광처럼 이루어졌다. 우리 나라에도 1990년대가 되면서 포스트모더니즘의 열풍이 전 사회에 범람하게 된다. 그 이후 몇 년 동안은 마치 모든 사상은 포스트모더니즘뿐인 듯한 열광으로 넘쳐나게 되고, 곧 천덕꾸러기 신세가 된 것은 익히 알려진 바와 같다.

포스트모더니즘이 근대 문화에 대한 반발로 부각되는 직접적인 계기는 프랑스에서 있었던 1968년의 문화 혁명이다. 근대의 정신이 계몽주의 혁명으로 구현되었다면, 근대 이후의 사조, 탈근대의 사유체계가 드러난 상징적 사건으로 우리는 이 '68 혁명'을 이야기할 수 있다. 이 혁명은 1968년 5월, 드골 정부의 교육정책에 반대하여 일어난 학생운동이었다. 그 사건의 구체적 진행보다 더 중요한 것은 그 사건이 유럽 사회에 끼친 영향이다. 이른바 '68 혁명'은 프랑스뿐만 아니라 이탈리아, 독일, 미국과 일본 등의 전세계적인 혁명운동으로 연결되면서 문화사적 변동을 초래하였다. 그것이 반전·반핵 운동에서 냉전체제에 대한 반발, 미국의 자본주의와 소련의 스탈린주의를 벗어난 탈식민주의로 이어진 것은 이 운동을 세계체제론적 관점에서 해석하게 만든다. 그러기에 그 움직임은 이어지는 신사회운동에 기반한 신좌파의 출현과 신마르크스주의의 태동을 간직하고 있었다. 근대의 문화가 이룩한 결실에 대한 반성은 결국 반문화(counter culture)운동으로서의 포스트모더니즘을 가능하게 하였다. 그것은 이 운동이 온건하게는 환경보호운동, 예를 들어 그린피스(Green Peace)나 정치적으로는 녹색당의 결성으로 이어진 데서도 확인된다. 유럽의 과격한 혁명운동, 붉은 군대나 적군파 등은 이런 운동이 급진적으로 전개된 현상이었다. 또한 반문화운동으로, 예를 들어 히피문화로 발전하는 계기가 된다. 무엇보다도 이 혁명이 중요한 것은 여성해방이나 탈식민주의 운동 등의 문화운동으로, 나아가 철학적으로 근대의 문화 전체를 반성하는 움직임으로 전개된 데 있다. 이것이 포스트모더니즘이 지니는 총체적 문화운동의 배경이 된다. 결국 이러한 움직임은 근대라 이름하는 '시대정신(modernity)' 전체에 대한 반성으로 이어진다.

따라서 이 운동이 계기가 되어 철학적 영역에서는 근대의 기획 전체를 반성하려는 새로운 사유체계를 탄생시켰다. '68 혁명' 자체가 근대성을 전면적으로 비판했다기보다는 집약된 근대의 모순과 그 이전의 근대에 대한 비판에서 싹트고 있던 움직임이 이 운동을 계기로 분출되었다고 말할 수 있다. 프랑스 후기구조주의는 이런 움직임에서 중요한 계기가 되었다. 그러므로 포스트모더니즘이 논의되는 근본적 지평은 근대의 시대정신과 어떠한 관계를 지니는지에 대한 질문으로 연결되며, 그 철학적 연관성이 이해의 핵심이 된다.

그러기에 포스트모더니즘 논의의 매우 중요한 출발점은 철학적 지평의 연관에서 설정되는 논의의 주체 문제이다. 포스트모더니즘은 궁극적으로 근대정신을 어떻게 이해하고 구현하는가, 또는 그것을 어떻게 넘어서는가의 문제에서 주어진다. 그 이유는 포스트모더니즘 논의는 근대화 과정을 누가, 무엇 때문에 그리고 어떻게 이루어가는지의 문제에 토대를 두고 있기 때문이다. 이 점이 포스트모더니즘이 다른 철학적 논의와 구별되는 점 가운데 하나이다. 포스트모더니즘 논의의 주체는 언제나 그에 참여하는 '지금 이곳의' '우리'이다.

그 말은, 포스트모더니즘의 함의를 정확히 이해하기 위해서는 결국 우리의 근대라는 맥락에 따라 논의해야만 한다는 의미가 된다. 그것은 거듭 우리의 철학적 지평, 근대와 탈근대라는 주제가 논의의 밑바탕을 이루고 있음에 대한 지속적 자각이다. 이런 작업을 위해 먼저 포스트모더니즘의 개념, 역사적 흐름과 그 내용, 근대와의 관련에 대한 논의를 전개하고자 한다.

용어의 정의

포스트모더니즘(postmodernism)은 라틴어 접두사 '포스트(post)'와 근대를 의미하는 'modern'의 결합어이다. 이 용어가 우리말로 정확히 옮겨지지 않는 이유가 그 자체로 이미 포스트모더니즘의 내용에 대한 많은 의미를 던져주고 있다. 포스트모더니즘은 '모더니즘(modernism)'에 대한 접두사 '포스트'와의 관계에서 보듯이, 근대성에 대한 논쟁과 밀접하게 연관된다. 그에 따라 포스트모더니즘은 '후기현대(성)' '탈근대' 또는 이성중심주의에서 확립한 진리와 의미 구조를 해체한다는 뜻에서

'해체주의', 구조주의와의 연관성 때문에 '후기구조주의(신구조주의)', '포스트구조주의' 등의 다양한 용어로 불린다. 더욱이 이러한 명칭들은 그 사상적 내용과 철학자들의 문제의식이 변화된 과정과 연관해 포스트모더니즘을 한 가지 뜻으로 규정하려는 작업을 매우 어렵게 만드는 것도 사실이다. 예를 들어 푸코(M. Foucault)는 스스로 포스트모더니즘의 철학자라 불리기를 거부하고 있으며, 라캉(J. Lacan)의 철학은 구조주의와 후기구조주의 문제의식의 경계선을 왕래하고 있다. 또한 포스트모더니즘의 철학적 기반이라 할 수 있는 니체나 하이데거에서 포스트모던이란 용어는 전혀 찾아볼 수가 없다.

포스트모더니즘 논의를 건축의 영역을 벗어나 문화 전반으로 확대한 젠크스(Ch. Jencks)는 'post'의 의미를 '피안으로 넘어감, 그 위로 넘어감, 현대보다 더 현대적인' 등으로 이해한다. 리오따르(J.P. Lyotard)는 이 단어가 '아무런 근거도(sans consistance) 지니지 않기에' 선택하였다고 한다.[1] 그에게 있어서 포스트모더니즘은 미래에의 사고, 즉 '근대 이후'의 사유방식이다. 이로써 포스트모더니즘의 성격은 근대에서 전승된 중심과 그 사회에서부터는 더 이상 어떤 것도 이해할 수 없게 된 사실을 추인하는 것으로 이해한다. 또는 프랑크(M. Frank)처럼 포스트모더니즘을 '신구조주의(Neostrukturalism)'의 관점으로 제한시켜 이해하기도 한다. 그 흐름이 제기하는 표준 메타포는 전통 형이상학에 속하지 않는 낯선 눈으로 현대의 사회와 문화, 시대정신을 조명하는 사조이다.[2] 벨쉬(W. Welsch)는 이와 관련하여 포스트모더니즘을 반 근대(anti-moderne)나 근대를 넘어서는 것(trans-moderne)이 아닌 '급진적 근대주의'라 명명한다.[3] 그에 따르면 포스트모던이란 하나의 신호로 받아들여야 한다. 그것은 '모던'을 좀더 풍부하게 이해하게 만들며, 모던이 완성하지 못한 문제를 해결하고, 그것에 더 많은 자극과 도움을 주기 위한 것이라고 말한다.

이처럼 포스트모더니즘을 논의하는 첫째 터전은 용어 자체에서 주어진다. 라틴어 접두사 'post'는 일반적으로 '-이후(after)'란 의미를 지닌다. 말 그대로 설명하자면, 포스트모너니즘이란 근대 이후의 사상, 사유체계, 생각의 구조, 문화 사조 등을 의미한다고 할 수 있다. 문제는 이 접두사 'post'가 지니는 다양한 의미에 따라 근대 이후의 사유 구조가 매우 판이하게 이해된다는 데 있다. 리요따르(J.P. Lyotard)에 의하면 접두사 'post'에는 적어도 세 가지 의미가 들어있다. 먼저 '이후(after)', 둘째로 '반대(anti)', 마지막으로 '넘어서(trans)'가 그것이다. 이 세 가지 의미에 따라 포스트모더니즘은 매우 다른 특성을 지니게 된다. 이러한 규정상의 어려움에도 불구하고 우리는 그 사상적 내용물을 검색하면서 이 세 가지 의미에 따른 유사한 흐름을 '포스트모더니즘'이란 표제에 따라 정리할 수 있을 것이다.

그 첫째 이해는 포스트모더니즘을 근대 이후의 사유체계로 받아들이는 것이다. 둘째로 포스트모더니즘은 근대 사유체계와 반대되는 사조를 가리킨다. 마지막으로, 근대 사유체계가 지니는 긍정적인 측면을 한편으로 수용하면서 그것이 지니는 문제를 극복하는 사유체계, 수용과 극복, 초월적 극복이란 의미로 이해되는 것이다. 이 세 가지 경우 가운데 어떤 의미가 포스트모더니즘이 지니는 올바른 의미이든 간에 그 정확한 의미를 이해하기 위해서는 먼저 '근대(Modern)' 또는 근대의 정신, '사유체계(Modernity)'의 의미가 제대로 규정되어야 한다. 그것은 포스트모더니즘이란 결국 근대와의 연장성에서 이해되며, 적어도 근대와 어떠한 관계를 설정하느냐에 따라 그 의미가 달라지기 때문이다. 이는 고대와 중세 또는 중세와 근대의 시대 구분 또는 사회·문화·사유체계의 변화와 비교해보면 그 차이를 곧바로 이해하게 된다. 중세라는 시대가 고대와 지니는 연관에 비해 포스트모더니즘이 근대와 지니는 연관은 다양하게 얽혀 있으며, 그 관련성의 함의 역시 매우 복잡하기 때문이다.

무엇보다 포스트모더니즘이 근대의 정신과 구별되는 점은 서구의 전통 철학이 이룩한 체계로서의 동일성과 일원성을 문제시한다는 데 있다. 포스트모더니즘은 본질적으로 근대가 완성한 동일성에 대한 해체를 주장한다. 동일성과 일원성의 해체는 포스트모더니즘의 가장 중요한 철학적 기반이며, 이는 곧바로 다원성에의 강조로 이어진다.

포스트모더니즘의 특징

다원성은 사실 포스트모더니즘이라 불리는 사조 자체의 본질적인 특징이다. 인류 역사에서 나타난 어떠한 경우보다도 포스트모더니즘이라 불리는 사상체계에는 서로가 지니는 연결점이나 공통성이 부족하다. 예를 들어 계몽주의라고 할 때 느껴지는 공통된 사유체계 같은 것을 포스트모더니즘에서 기대한다면 그것은 헛된 바람일 뿐이다. 한 명의 포스트모던주의자가 지니는 생각의 체계, 문화적 기호와 또 다른 포스트모던주의자가 지니는 차이는 극단적으로 말해 천체 물리학자와 점성술사 사이만큼이나 크다고 말할 수 있다. 그 일차적 이유는 포스트모더니즘은 철학적 '주의(ism)'에 머무른 것이 아니라 사회체계, 문화이해, 과학과 지식체계 전체에 관계되기 때문이다. 따라서 포스트모더니즘은 그 이전의 어떤 철학적 경향보다 범위가 넓고 포괄적인 현상을 가리키고 있다. 포스트모던주의자들 스스로 다양한 언어의 공약 불가능성, 공통된 규범이 없다는 점을 포스트모더니즘의 특성으로 제시하기도 한다.

포스트모더니즘 논의가 복잡해지는 이유는 여기에 있다. 예를 들어 건축의 경우 모더니즘 건축은 근대의 기획을 충실히 반영하고 있다. 중세의 정신을 대변하는 것이 웅장한 고딕 양식의 대성당이라면, 근대 시민 사회가 형성되면서 건축 양식은 그들의 정신을 드러내는 양식으로 바뀌게 된다. 건축은 시대정신을 대표적으로 구현하는 예술 양식이다. 우리 나라의 경우 전근대적 건축물과 근대화를 대변하는 건축 양식을 비교해보라. 새마을운동이 지향하는 근대화는 초가집을 헐고 서구식 시멘트 건물을 만들어낸다. 그것이 껍데기만 수입한 3류의 문화라는 사실은 전혀 중요하지 않다. 또는 서울 한가운데 세워진 웅장한 '세종문화회관'을 생각해보자. 이 건물은 박정희류의 근대화와 그 성공을 상징적으로 보여 주는 건물이다. 이 건축물은 우리의 근대화 정신을 반영하고 있다. 여기에는 낡은 기와집과 초가집을 벗어나 서구의 산업화를 정착시킨 성공적인 모습이 그 어떤 건물보다 집약적으로 드러나고 있다. 근대의 건축물은 이처럼 진보와 성장, 이성의 승리와 함께 하나의 보편 원리로 치장하고, 그 신념에 가득 찬 웅장함으로 자신의 정신을 극명하게 드러내고 있다. 기능과 실용성을 극대화시키고, 권위를 드러내는 통일적이며 획일적인 건축 양식, 자연에의 정복을 선언하는 근엄한 건축은 그에 대한 해체와 비판으로서의 포스트모던 건축 양식과는 분명히 구별된다. 전두환 정권 때 지어진 '예술의 전당'은 비록 근대의 정신세계 안에서 건설되었기에 포스트모던을 지향하지는 않았지만 분명 세종문화회관과는 다른 언어로 말하고 있다. 포스트모더니즘 건축은 이러한 근대 건축 양식의 해체로 이해된다. 근대 건축에 비해 획일적이며 권위적인 모습과 중심성을 해체하며, 성장과 진보의 이념을 거부하는 건축 양식, 무엇보다도 다원성과 다양성을 충실히 반영하는 건축 양식이 포스트모더니즘 건축의 특징이라 하겠다. 그것은 근대의 일원성을 넘어서는 다중 언어성으로 이해된다. 문화 현상으로서의 포스트모더니즘은 그 자신의 철학적 기획을 담고 있다. 그러기에 문제는 거듭 개별적 포스트모더니즘의 문화 현상에 대한 분석이 아니라, 포스트모더니즘의 철학적 기획에 대해 해명하는 작업이다.

우리의 포스트모더니즘

사상체계로서의 포스트모더니즘을 넘어 이 땅에서의 포스트모더니즘 담론이 문제가 되는 것은 우리의 철학이 처한 학문적 토대와 그 지평이다. 그것은 서구의 근대에 대한 우리의 태도에 따라 이 사상을 논의하는 터전의 성격이 결정되기 때문이다. 서구 철학자들에게는 서구의 근대, 자신들의 근대와 근대 이후의 사유체계만이 문제될 것이다. 그러나 이 땅의 철학자들이 자리한 상황은 그것과는 사뭇 다를 수밖에 없다. 우리의 근대는 서구의 근대를 수용하고 변화시켜 온 근대이기 때문이다. 따라서 우리가 근대에 대해 취하는 태도는 서구의 철학자들이 취하는 태도와는 다른 문제 지평에 놓일 수밖에 없다. 우리가 서구의 근대와 포스트모더니즘을 단순히 수입하는 데 만족해도 좋다면 이 질문은 성립되지 않는다. 그러나 철학을 내적인 의미에서부터 이해한다면 이 질문은 반드시 요구되는 당위적 과제로 다가오게 된다. 그 이유는 철학을 그 본래적 차원에서 이해한다면 쉽게 해명된다.

철학은 근본적으로 지금, 이곳에 사는 인간의 '자기이해(self-understanding)'와 타자에 대한 이해이며, 나아가 그에 대한 해석과 태도결정을 의미한다. 그러기에 '지금 이곳'이란 시간과 공간을 떠난 철학은 본래적 의미에서의 철학일 수가 없다. 그와 함께 철학은 철학하는 바로 그의 형이상학적이며 실존적인 세계를 성찰하는 과정 자체를 의미한다. 이러한 성찰의 과정을 배제한 철학은 단순히 철학사에 대한 지식체계에 지나지 않게 된다. 이처럼 철학은 본성상 자신의 정체성을 문제삼으면서 이루어진다. 철학만이 "철학이란 무엇인가"라고 물으면서 철학한다. 그 질문을 성찰하는 행위 자체가 철학의 사유체계를 형성하는 것이다. 그러기에 포스트모더니즘에 대한 해명이 철학의 지평에서 다루어지는 것은 단순히 설명하는 차원을 넘어 "포스트모더니즘은 우리에게 무엇을 의미하는가"라는 질문으로 연결되어야 한다. 그것 없이 포스트모더니즘 철학은 성립되지 않는다.

이러한 관점에 따라 고찰한다면, 포스트모더니즘이 철학적 사유로 자리하기 위해서는 우리의 근대와 우리의 포스트모더니즘이 문제로 설정되어야만 한다. 그런 의미에서 서구의 근대와 포스트모더니즘에 대한 성찰과 반성, 해석으로서의 우리의 포스트모더니즘을 여기서는 탈근대라고 이름 붙이고자 한다. 탈근대란 포스트모더니즘을 단순히 우리말로 옮겨놓은 번역어가 아니다. 여기서 사용하는 포스트모더니즘은 이론체계로서의 포스트모더니즘이며, 탈근대는 이러한 의미에서 이해되는 우리의 근대와 근대 이후의 사유체계, 문화 구조로서의 탈근대이다.

그러기에 문제는 포스트모더니즘의 철학적 기획이다. 문화 현상으로서의 포스트모더니즘은 부차적일 뿐이다. 그 까닭은 철학적 사유체계로서의 포스트모더니즘에 대한 이해의 바탕에서만이 문화 현상으로서의 포스트모더니즘을 이해할 수 있기 때문이다.

포스트모더니즘의 철학사적 이해

포스트모더니즘의 철학적 내용

1917년 판비츠(R. Pannwitz)는 『유럽문화의 위기』에서 니체와 연관해 '포스트모던'이라는 용어를 처음 사용하였다. 그는 니체의 초인(Übermensch)을 가리키면서 이 말을 썼다. 그러나 현대 철학과 연관해 이를 체계적 사유로 만든 사람은 리요따르이다. 리요따르는 포스트모던이란 주제를 그의 책 『포스트모던적 조건』(1979)에서 처음으로 '철학에 상응하는 수준'으로, 즉 철학의 내재적 특성에 근거하여 정의하고 의미를 규정하였다. 그는 이 책에서 현대 서양문화의 위기 한 가운데에 자리한 것은 지식의 조건이라고 말한다. 모든 지식의 사변적 통일과 인간해방이란 이념은 근대 이후의 '거대 담론(Metadiscourse, 메타 담론)'에 불과하다. 포스트모더니즘을 극단적으로 요약해서 말한다면 메타 담론에 대한 거부이다. 과학의 진보, 보편 역사에 대한 근대적 담론, 이성의 개선행진에 대한 회의와 불신이 그 주된 내용을 형성하고 있다. 그러나 독일의 사회철학자인 하버마스(J. Habarmas)는 이에 대응하여 그 다음 해인 1980년, 프랑크푸르트(Frankfurt) 시에서 증정하는 아도르노 상 시상식의 기념 강연에서 서양의 계몽주의적 근대의 기획은 아직 완성되지 않았다고 주장한다. 서양 근대성의 기획과 그에 대한 논의는 아직은 완성되지 않은 기획이며, 이제 그 시작을 알렸을 뿐이다.[4)]

이런 논쟁에 관건이 되는 철학적 포스트모더니즘은 근대와의 관련을 거부하는 사조에서부터 시작된다. 그 철학적 뿌리는 무엇보다도 니체에서 찾아진다. 또한 니체를 뒤바뀐 플라톤주의로 해석한 하이데거 철학에 대한 탈근대적 해석이 포스트모더니즘의 가장 중요한 철학적 원천이다. 이 두 사상의 거인은 지속적으로 탈근대란 맥락과 형이상학의 극복이란 주제로 포스트모더니즘에 철학적 사유의 원천을 제공한다. 또는 이런 흐름과 직접 연관되지 않은 포스트모더니즘이라 하더라도 이 사유와의 대결을 회피하지는 못하고 있다. 이것은 비록 그들이 니체나 하이데거 철학에서 직접적으로 영향을 받았거나 또는 그에 대해 전혀 언급을 하지 않았을 경우에도 마찬가지이다. 그래서 무엇보다 중요한 것은 니체와 니체의 맥락에서 해명되는 하이데거 사유가 포스트모더니즘에 어떠한 철학적 동기를 주었는지 설명하는 일이다. 이런 점들이 정확하게 규명될 때에 포스트모더니즘의 성격은 물론, 이러한 철학이 지니는 포스트모더니즘적 경향을 드러내는 데 올바르게 작용할 것이다.

문제는 질문에 대한 답이 포스트모더니즘의 근본적 경향을 어떻게 파악하는가에 따라 전적으로 달라진다는 데 있다. 따라서 포스트모더니즘을 철학적으로 해명하기 위해서는 니체와 하이데거의 철학을 포스트모더니즘의 관점에서 거꾸로 조명해 보아야 한다. 즉, 해석학적 순환의 원리에 따라 포스트모더니즘에 대한 앞선 판단이 이 두 철학체계에 대한 해명의 틀이 되며, 이러한 지평에 따라서 다시금 포스트모더니즘 철학의 내용이 올바르게 설정된다는 의미이다. 그것은 니체가 "존재하는 것은 사실이 아니라 사실에 대한 해석"이며, 해석이 그 자체로 힘에의 의지의 한 형태(『힘에의 의지』)라고 말했듯이, 포스트모더니즘에서 의미론적 해석은 매우 중요하기 때문이다. 아울러 이런 노력은 그 사유 과정을 그들의 철학 작품이 지니는 전체 문맥(context)에서 조명해야 하는 해석학적 원리에 따르는 것이기도 하다.

니체와 하이데거의 철학을 탈근대라는 맥락에 따라 해석한 바티모(G. Vattimo)는 이러한 관점에서 하이데거의 '형이상학 극복(Die Verwindung der Metaphysik)'이란 개념을 그의 철학에 대한 '좌파적' 해석이란 이름으로 규정한다. 이 같은 해석은

'현대에 대한 묵시록적인 비판'이며, 이제껏 "지배적이었던 우파적 경향에 대한 반대"이다. 그래서 이러한 하이데거의 철학적 경향을 근대 철학과의 관련에서 고찰한다면 '형이상학 이후의(Post-Metaphysik) 철학'으로 정의할 수 있다고 말한다.5) 이들이 '포스트'라는 접두사로 사유하고자 하던 것은 바로 비판적 극복(Verwindung)이란 개념이다. 실재(實在)의 비판적 '극복'이라는 개념은 결국 '포스트'라는 접두사를 근대와 결별하는 것으로 이해한다. 그렇다면 그들이 이해하는 근대의 정신은 어떤 특성을 지니고 있는가.

근대성의 특징

근대라는 시대

'근대(modern)'라는 말은 새로운 시대를 의미하는 로마자 'modernus·moderna'에서 유래한다. 이 말이 유럽에서 널리 사용된 것은 19세기에 이르러서였다. 이 용어는 일차적으로 문화사적 측면에서 르네상스 시기를 거치면서 이루어진 문화적 전환(via antiqua·via moderna)을 그 이전 시대와 구분하여 사용한 것이다. 여기에는 15세기 이래 지속적으로 이루어진 르네상스의 문화, 예술 변화와 스콜라 철학의 붕괴에 따른 새로운 철학적 조류, 수학적 세계관에 따른 산업혁명과 과학·기술혁명 등의 변화가 동시대적으로 일어나면서 초래된, 이제껏 보지 못했던 엄청난 변화를 총체적으로 담고 있다. 이처럼 근대란 말은 다의적으로 쓰인 개념이었다. 나아가 15세기 이래의 변화된 시대상을 철학적으로 성찰하고, 해체되는 보편성을 대체할 새로운 철학적 사유체계를 제시하려는 노력이 모여 근대라는 새로운 시대정신을 형성하게 된다. 또한 이 근대성이 18세기 이래 정치와 사회, 문화와 경제, 학문 등 인간 삶의 전 영역에 걸쳐 구체적으로 실현된 체계가 이른바 계몽주의 근대이다.

주체로서의 인간

근대의 정신은 일차적으로 인간의 자기이해에서 발견된다. 근대의 인간은 중세와는 달리 자신을 타자와 구별된 자아, 나누어질 수 없는 개체(Individual)로 이해하였다. 바꾸어 말해 인간이 공동체의 구성원이 아닌 근원적으로 개체로 구별되는 단독자로 자신을 인식하게 되었음을 의미한다. 개체로서의 자의식은 근대의 체계를 형성하는 데 매우 중요한 토대로 작용한다. 이때 관건이 되는 것은 자신만의 인식과 도덕의 판단기준이다. 이는 보편적이며 객관적으로 앞서 존재하는 원리와 권위, 공동체적 권위의 판단이 아닌 개별성의 문제를 담고 있다. 개별성에도 불구하고 인간은 그 안에서 보편성을 담지할 수 있는 어떤 원리를 필요로 하게 된다. 근대의 인간은 개체 인간으로서의 고유한 권리를 지니면서도, 이 개체성을 보증할 어떤 보편성을 추구하게 된다. 이러한 주체 중심의 인간 이해는 이성 개념을 변화시키는 원인이 되었다. 근대의 이성은 더 이상 신적 이성, 존재론적 이성이 아니라 인간의 이성으로 이해된다. 그러한 이성은 신(神)적인 빛이란 중세적인 보편성을 넘어, 주체가 지닌 합리적 이성의 보편성을 가리키게 된다. 이성을 지닌 개체로서의 인간은 철학의 주체이다. 그는 사유와 인식의 주체이며, 판단의 주체이다. 또한 그에 근거하여 행위의 주체로 자리하게 된다.

둘째, 이러한 주체 개념은 존재론을 넘어 실천 도덕적 주체로 이어진다. 주체로서의 개인은 행위 판단의 기준을 공동체의 원리가 아니라 자신의 자율성(autonomy)에서 찾는다. 개체 인간의 자율성과 도덕성은 실천 이성에 근거한다. 이는 개인적 주체이면서 사회적으로는 보편적 주체인 개인을 고유한 권리를 지닌 구성원으로 이해하게 한다. 또한 그는 자연과의 관계에서 자연을 지배하고 정복하는 주체이기도 하다. 이러한 주체로의 이해는 피조물 안에서의 주체, 자연 안에서의 주체란 개념으로 이어져, 고·중세와는 달리 선험적 세계를 벗어난 의미에서의 인간중심주의로 형성된다. 그럼에도 이러한 중심주의는 다른 인간과 자연, 세계를 타자로 설정하는 배타적 중심주의로 작동한다.

후기 근대에 이르러 이러한 근대의 인간상은 절정에 이르게 된다. 과학·기술이 모든 진리의 준거점이 되고 자본주의적 세계관이 무한히 확대된 후기 근대라는 시대는 근대성이 분명히 실현된 시기이다. 따라서 이때의 인간은 진리를 추구하는 인간이거나 완성을 향한 존재가 아닌, 계몽주의적 시민이 근대성에 의해 구현된 과학·기술과 자본주의의 원리를 실현하고, 그 혜택을 누리는 주체로 자신을 이해한다. 근대의 인간은 모든 존재자의 주인으로 자리한다.

근대의 자연 이해

근대의 사유체계는 자연을 계산하고 제작하는 가능성을 지닌다. 근대정신의 원리에 따라 인간은 자연과 사물을 소유하고 장악하게 된다. 이때 자연은 이러한 처리 가능성의 대상에 지나지 않게 된다. 그것은 고대 철학에서 형성된 수학적 세계관이 기계론적 세계관으로 구현됨으로써 가능하게 된 것이다. 이 세계관은 자연을 결정론과 인과율에 따라 이해한다. 결국 자연 자체의 합목적성과 가치는 배제되고, 인간 중심의 목적론으로 바뀌게 된다. 자연은 단지 인간 주체와 대치점에 자리하는 객체에 지나지 않는다. 이것은, '연장의 실체'로서의 자연은 인간에 의해 제작이 가능한 대상으로, 또한 수학과 과학적 방법으로 수량화가 가능한 객체로 환원된다는 의미이다. 그것이 소유와 개발의 대상이든, 기술과 인식의 대상이든 이로부터 자연은 탈인격화하고 사물화하게 된다. 이성적 인간은 야만적 자연을 문화의 힘과 이성의 힘으로 개발하고 길들이고 인간의 필요에 따라 조작 가능한 객체로 제시한다. 이제 자연은 존재론적으로 약화되기에 이르고, 주체가 배제된 자연은 마침내 자체 목적성과 자율성, 그 고유한 가치를 상실하기에 이른다.

자연에 대한 수학적이며 과학적 이해에 따라 근대의 특성인 기계론적 세계관은 물론, 산업혁명 이래 과학적 세계관이라 이름하는 체계가 형성되기에 이른다. 이러한 세계관에서 인간은 모든 실재를 규정하고 장악하는 중심으로 자리한다. 근대성은 이러한 인간중심주의를 바탕으로 하여 인간과 자연, 유럽과 제3세계, 계몽된 문명과 야만, 이성과 감성, 남성과 여성 등의 대치점에서 모든 실재를 이분법적으로 구별하기에 이른다. 근대는 이처럼 철저한 중심부의 사고로 주변부를 소외시키는 체제이다. 이러한 이분법은 영혼과 육체, 주체와 객체, 정신과 물질을 구분하였으며, 나아가 개체와 전체를 구분함으로써 중심부 이외의 것을 타자화한다. 그러기에 서구의 근대가 말하는 보편성은 결국 타자를 배제하는 차별의 보편성으로 작용할 뿐이다.

이성과 근대의 합리성

서구 철학사는 헤라클레이토스(Heracleitos) 이래 '로고스(logos)'의 역사, 이성에 근거한 사유체계의 역사였다. 이 로고스 중심의 사조는 근대에 이르러 인간중심주의에 따라 이성의 근거와 내적 원리를 새롭게 규정하였다. 그것은 일차적으로 신적 본성 또는 '자연의 빛(lumen naturale)'으로 이해되던 이성이 인간의 이성(ratio humana)으로 이해되었다는 의미이다. 또한 그 이성은 선험 이성(합리주의)이든 경험 이성(경험주의)이든 존재론적 이성에서 인식론적 이성으로, 계몽주의 혁명 이래 실천적 이성으로 이해되기에 이른다. 도덕성 역시 이성의 원리를 구체적인 행동으로 실천할 때의 규준을 의미하게 되었다.

예를 들어 데카르트(R. Descartes)의 『방법서설』은 이성을 올바르게 사용하기 위한 규칙으로 이루어진다. 이때의 이성은 주체의 본성으로서의 이성이며, 존재론적 특성을 제거해버린 도구적 이성으로 이해된다. 이에 따라 합리성은 결국 이성의 원리에 따르는 합리성, 도구적 합리성, 실천적 합리성을 의미하게 된다. 여기서 나아가 계몽주의 근대에 이르러 이성은 계몽의 역할을 담당한다. 그것은 인간 사유와 행위의 규범을 정당화하는 이성으로 제시된 것이다.

이성에 대한 이해 변화는 근대 초기의 지식 형태 변화에 이어 마침내 17세기 이래 현재의 학문체계까지 변화시키기에 이른다. 수학적 방법론과 '명석 판명한 지각'을 지식의 기준으로 생각하던 근대적 진리 이해는 모든 것을 분류하고 검증하며 실증하는 체계로 완성된다. 이러한 명석 판명한 인식을 요구하는 학문의 방법론은 분석과 종합이란 이중의 체계를 지닌다. 이 근대의 학문은 학문 일반의 내적 방법론에 치중하면서 그 진리 검증의 시금석을 엄격하고 실증적인 학적 결과와 지식의 체계에서 찾는다. 이 같은 학문 이해는 마침내 19세기에 이르러 그 방법론의 관점에 따라 학문(scientia)을 '과학'으로 이해하는 사고를 형성하였다. 이러한 학문 패러다임은 근대정신에 근거한 체계이다. 근대 철학은 확실성이란 관점에서 인식의 타당성 문제에 치중하는 새로운 철학이다. 합리론과 경험론이란 근대 철학의 커다란 두 조류는 이성의 근거, 나아가 인식방법론과 타당성의 근거율에서 차이를 지닐 뿐 궁극적으로는 이러한 시대정신에 따른 확실성과 보편적 규준에 치중한다는 특성을 지닌다. 포스트모더니즘 논의가 자연과학을 비판하면서, 학문체계의 변화로 거론되는 배경에는 이러한 이유가 자리하고 있다.

인간의 선천적 인식에 근거한 사고의 전개는 사물의 존재론적 근거 문제가 아닌 주체로서의 인간 인식에 대한 문제로 환원된다. 그것은 한편으로 인식 주체에 의한 의식의 철학이며 주체성(subjectivity)의 철학이다. 절대적 진리와 필연적 사유, 선험적 세계를 벗어나는 인식과 판단의 문제는 개별성과 주관성, 개인의 자의성과 경험의 불확실성을 넘어서는 타당성과 확실성의 문제로 바뀌게 된다. 인식 이성에 따른 비판과 판단의 기준 문제, 주체가 지닌 이중성, 자신의 기준과 그를 넘어서는 타당성 담보라는 문제에서 그들은 보편 이성의 원리를 기준으로 제시한다. 이에 따라 실재를 보편 이성의 원리에 상응하게 만드는 일원성과 동일성의 원리가 확립되었다. 그것이 근대의 합리성이 지니는 의미이다. 인식론의 철학은 자연을 포함한 존재자와의 관계를 인식 주체와 객체라는 이분법적 도식에 의해 이해한다. 인식 주체로서 인간과 인식 대상으로서의 객체로 상정하는 근대의 독특한 이원론적 세계관은 존재론적으로는 이러한 동일성과 일원론의 원리에 상응하게 된다. 결국 근대의 합리성이란 원리는 인식론적 이원론과 존재론적 동일성의 원리에 따라 그 특성이 결정되었다.

계몽주의 근대

칸트는 1784년 계몽이란 인간이 자신에서 비롯된 미성숙함에서 벗어나는 행위라 정의한다.[6] 계몽주의에서의 이성은 인간의 오성이며, 합리적 이성이다. 이러한 이성의 원리는 사회적 원리와 토대로 작용한다. 또한 개인 사이의 관계는 이러한 합리성에 의해 유지되며, 개인의 의지는 보편적 입법원리에 종속된다. 정언명법으로 제시된 도덕법칙은 이성의 원리가 행위에 적용된 실천 이성을 의미한다. 바꾸어 말해 인식 이성의 합리성이 행위의 규준이 될 때의 원리를 말한다. 이러한 이성의 원리가 사회·문화적으로 구현된 체계가 바로 계몽주의(enlightenment) 근대이다.

이러한 계몽의 원리는 근대에서 이루어진 사유 구조의 변화를 구체적으로 프랑스 혁명(1789)이란 사건을 통해 보편성의 이름으로 유럽에 퍼져가면서 새로운 시대의 변화를 이끌어내게 된다. 이 변화는 사회·정치·경제와 문화의 영역에서는 물론이고, 학문체계와 인간이 지닌 이해의 구조에서도 결정적으로 작용하게 되었다. 이처럼 근대정신의 혁명은 계몽주의 시기에 이르러 새로운 전환과 완성에 이르게 된다. 사실 계몽주의는 16세기 이래 이루어진 근대정신을 전 유럽에 확산시키는 과정에서 형성된 체계이다. 이로써 근대는 계몽주의 근대라 이름할 수 있는 새로운 시대로 접어들게 되고, 근대의 정신이 전세계를 장악하게 되는 사건의 터전이 완성된다. 현대를 규정하는 가장 강력한 세 가지 사회문화체계는 여기서 형성된다. 산업혁명과 자연과학혁명의 결과로 산출된 과학·기술주의, 자유로운 도시인 계층에 의해 주도된 경제체계가 구현된 자본주의, 여기에 계몽주의적 이념이 결합하여 탄생한 정치적인 민주주의는 결국 근대정신이 구체화되고 현실 안에 성취된 결과이다.

계몽주의는 또한 인간의 역사와 문화를 진보의 개념에 따라 파악한다. 초기의 진보 개념은 삶의 궁극적 완성이 이 지상에서 가능하리라는 소박한 신념에서 이루어진다. 이 개념은 서구의 직선적 시간관에 근거하여 인간 이성에 대한 순수한 믿음과 결합함으로써 계몽의 진보 관념을 낳게 된다. 진보의 관념은 사회적 진보와 경제적 진보 개념으로 발전되었다. 이것이 자본주의와 결합할 때 끊임없는 물질 성장이란 신화를 낳게 된다. 계몽과 이성의 원리를 소유하게 된 인간이 지닌 진보의 이상이 근대의 사상이라면 그 순진한 믿음은 20세기 문명에서 드러난 근대성의 모순된 모습에 의해 무참히 깨어지게 된다. 나치의 아우슈비츠 강제수용소, 구 소비에트 연방의 굴락(Gulag), 홀로코스트의 비극을 이러한 계몽의 이념은 어떻게 이해할 수 있을까. 서구 근대의 식민주의, 노예제도와 아메리카 인디오에 대한 폭력과 두 차례에 걸친 세계대전은 계몽의 원리를 비웃는 사건들이다. 근대를 비판하기 시작한 것, 근대의 원리를 수정하기 위한 철학적 기도들이 나타난 것도 이러한 사건에 대한 반성과 성찰에서부터 이루어진다.

근대 계몽주의의 보편성과 동일성은 결국 일원성의 원리에 따라 다원적 세계를 부정하기에 이른다. 이때의 보편성은 차이를 무시하는 억압의 기제로 작동하게 된다. 유럽적 보편성은 유럽 이외의 것, 이성의 보편성으로 이성 이외의 것을 억압하게 되고, 결국 그것들이 소외현상을 낳게 된다. 이 보편성과 일원성은 전체성으로, 개체성과 다원성을 부정함으로써 원초적으로 차이와 주변부에 대한 억압을 내포하고 있다. 다원성을 무시하며 개체를 억압하는 보편성은 이러한 의미에서 전혀 보편적이지 않은 차별의 보편성으로 작동한다. 차별과 억압, 보편성의 폭력은 유럽적 보편성으로 세계사를 읽는 순간 발생하는 문제이다. 유럽적 기준, 담론의 세계화는 중심주의라는 보편의 옷을 입고 세계화하는 과정에서 수많은 역기능을 발생시키게 된다.

이러한 서구의 근대는 총체적으로 우리의 철학적 원리와 규범을 파괴하였다. 유럽중심주의가 보편성이란 명분으로 위장하고 전세계에 자신의 이념을 강요한 것이 근대적 의미의 제국주의라면, 그에 따른 계몽의 원리는 타자의 세계에서는 이율배반적으로 작용하게 된다. 서구의 근대가 우리에게 끼친 폐해는 그 근대를 넘어서는 새로운 규범을 창출하지 못하게 가로막으면서, 여전히 우리의 삶과 정신을 그들의 원리로 지배하는 기제로 작동되는 데 있다. 서구가 강요한 제국주의와 우리가 자발적으로 받아들인 식민주의는 근대화와 서구화란 이름으로 서로 얽혀지면서 오늘날의 착종(錯綜)된 후기 근대의 모습을 보이고 있다. 여기에 서구의 근대 비판을 넘어 우리의 포스트모던적 탈근대를 논의하는 터전이 열리게 된다.

근대성 비판

니체의 경우

포스트모더니즘의 사유체계는 니체에 대한 재조명에서 시작되며, 그 사유체계에 대한 해석이 결정적인 의미를 지닌다. 이는 프랑스 후기구조주의자들뿐 아니라 몇몇의 포스트모더니스트들에게는 아주 직접적으로 적용된다. 예를 들어 하산(Ihab Hassan), 데리다(J. Derrida), 푸코(M. Foucault) 등을 거론할 수 있다. 판비츠(Pannwitz)가 니체의 '초인'을 포스트모던의 원형으로 제시한 것은 이미 앞에서 본 바와 같다. 보러(K.H. Bohrer)는 독일 초기 낭만주의자들과 니체의 미학적 사유에 근거하여 프랑스 후기구조주의자들의 철학적 성격을 분석하고 있다. 그에 따르면 니체는 퇴폐적이며 허무주의적인 현대의 물결을 극복한 새로운 '이후의 문화'에 자리하며, 그것이 후기구조주의의 배경이 된다. 프랑스 후기구조주의들의 전면에 하이데거 수용이 자리하고 있다면, 니체에게 몰두하는 것은 그 뒷면을 차지한다. 이와 같은 상황은 푸코의 예에서 아주 잘 드러난다. 푸코는 그의 죽음 직전 자신의 사유에 있어서 가장 깊은 의미를 지니는 것은 니체였다고 회고하였다. 같은 맥락에서 프랑크(M. Frank)는 신구조주의와 연관지어 이러한 관점을 지지하고 있다. '신구조주의는 형이상학의 종결 이후 헤겔 비판과 니체의 발자취에서 출발한 사유체계'이다. 비슷한 관점이 데리다에게도 적용된다. 그는 '하이데거보다는 니체에게서 시종일관하는 반 형이상학의 모습'을 발견한다. 초기의 하이데거가 '존재'라는 말로서 추구하는 바는 여전히 일정 부분 서구의 전통 형이상학과의 관련 위에 놓여있다고 평가한다. 궁극적으로는 형이상학적 관심에 따라 이루어져 있는 하이데거의 철학 역시 니체의 전통 형이상학 비판에 의해 촉발된 사유체계이다. 결국 이러한 근원으로서 니체를 재발견한 것, 이것이 포스트모던의 '신니체주의'적 경향을 형성하고 있는 것이다.[7)]

포스트모더니즘의 관점에서 볼 때 문제가 되는 니체의 사상은 '신의 죽음'에서 출발하여 '힘에의 의지'와 '영원한 회귀'에서 정점을 이룬다. 그것은 전통 형이상학의 죽음, 삶과 예술의 형이상학, 생성과 극복의 놀이라는 원리에 의해 구체화된다. 먼저 '신의 죽음'이란 말로 니체는 소크라테스와 플라톤으로 대변되는 철학적 전통을 거부한다. 그것은 서구의 전통적인 도덕과 종교가 삶에 적대적이란 선언이다. 또한 전통 형이상학에 의해 모든 사물의 본질이며 초월세계로 상정된 신에 대한 종말을 선포한다. 이것은 지상적 삶을 폄하하고 거부하는 초월적 세계와 본질의 세계를 폐기한다는 뜻이다. 존재하는 것 자체의 진리와 존재자의 존재를 본질에 대한 추구에서 찾는 플라톤 철학과 그에 근거한 철학사의 흐름은 허무주의를 초래할 수밖에 없다. 니체에 의하면 허무주의는 서구 철학의 필연적 결과일 뿐이다. 이러한 형이상학적 사고는 합목적론적이거나 또는 그와는 대립된 의미에서 아무것도 아니다.

결국 허무주의(nihilism)는 플라톤주의가 태생적으로 배태한 결과물이며 그 완성이고, 뒤바뀐 플라톤 사상에 지나지 않는다. "신은 죽었다"고 선언한 니체의 말에서의 신은 기독교의 신을 가리킨다기보다는 서구 존재-신론의 역사에서 그 존재론적 기반과 근거로서 작동하는 형이상학적이며 불변하는 초감각적 세계와 그 세계관을 상징하는 존재이다. 신의 죽음을 바로 그로 대변되었던 초월세계의 종말, 존재의 역사에서 최고의 존재자로 이해된 것의 폐기, 모든 플라톤주의적 서구 형이상학의 가치를 뒤집는 현상을 나타내고 있다. 플라톤주의를 뒤집음으로써 전통 형이상학을 완성하는 행위는 가장 끔찍한 허무주의라는 원치 않았던 결과를 불러일으켰다. 허무주의는 결국 '최고의 가치가 스스로를 가치절하하는 것'이며 '왜'와 '어디로'라는 근거와 목표에 대한 질문을 상실하게 만든다.(『힘에의 의지』)

허무주의는 서구 형이상학의 종말이며 완성이고, 그 본질이다.

니체의 허무주의는 이제까지의 모든 가치를 파기하고, 거꾸로 뒤집음에 머물러 있지 않는다. 그것은 오히려 새로운 가치를 설정하는 움직임으로 이해된다. 지금까지의 '최고가치'를 부정하고 폐기함으로써 이룩되는 새로운 가치 설정의 움직임이 그의 허무주의 형이상학이다. 그것은 더 이상 초감성적이며 피안의 어떤 근거, 초월세계의 규범에 따라 설정되는 가치와는 다른 새로운 가치이다. 그 가치는 풍요로운 삶이라는 새로운 규준에 의해 설정된다. 그러기에 서구 형이상학의 끝자락에 서있는 니체의 철학은 근대성을 넘어서기 위한 출발점이 된다. 동시에 새로운 사유를 산출하기 위해서는 반드시 대결을 벌여야 할, 다가올 사유의 전형을 내포하고 있다. 여기에 포스트모더니즘에 대한 니체의 의미가 자리한다.

하이데거의 경우

하이데거의 철학적 사유를 포스트모더니즘과 연관시켜 이해할 수 있는 가장 중요한 관점은 전통 형이상학에 대한 비판과 극복의 사유이다. 여기에는 그의 예술 철학을 탈미학적 관점으로 해석하는 작업으로 실마리를 풀어갈 것이다. 이것은 결국 하이데거 철학을 근대 극복의 사유로 해석하는 작업이 포스트모더니즘의 근거가 된다는 의미이다. 그러한 사유는 '형이상학의 극복'이란 이름으로 규정된다. 니체는 소크라테스의 계몽주의적 정신에 따라 훼손된 근원적인 그리스 비극정신을 회복해야 한다고 한다. 하이데거 역시 이러한 생각의 실마리로 '또 다른 근원에 대한 사유'를 말하고 있다.

그 첫째 관점은 근대 철학에 대한 비판에서 비롯된다. 하이데거는 근대 철학을 존재론에서 인식론으로 전환함으로써 존재의미를 망각한 철학으로 규정한다. 존재의 자리에 근대의 합리성과 인식 이성, 자연과학과 기술이 대신 자리하고 있다. 그의 이러한 분석의 핵심은 전통적 주관－객관 도식에 대한 비판이다. 둘째로 이와 연관한 그의 '전통 형이상학 해체' 주장은 '철학의 종말'이라는 주제로 이어진다. 마지막으로 현대라는 시대상을 '위험한 시대'로 규정하는 하이데거는 그것을 '신의 죽음 또는 고향 상실'로 설명하고 있다. 이것이 계몽주의 사고를 비판하는 후기구조주의의 묵시론적 사고의 근거로 작용한다.

이러한 하이데거의 '형이상학 이후'라는 사상은 '미학 이후' 또는 '탈미학'이라는 맥락에서 시작된다. 그 근거는 하이데거의 예술 철학이다. 그는 기초 존재론적 관심에서 '형이상학 이후'의 존재－진리와 연관된 탈미학적 예술 철학의 정립을 시도한다. 이러한 하이데거의 관점에 근거하여 철학적 논거를 원용한 조류가 무엇보다도 데리다와 푸코를 비롯한 후기구조주의의 물결이다. 프랑크는 신구조주의의 중요한 관점들은 하이데거의 존재사유, 특히 '존재 드러남'의 철학에서 유래한 것이라고 말한다. 신구조주의는 포스트모더니즘의 사상을 대표한다.[8] 예술을 통한 전통형이상학 해체와 진리 구도의 변화라는 명제에 근거한다. 벨쉬는 후기구조주의의 특성은 계몽주의 이래의 이성중심주의에 대한 비판이라고 말한다. 즉, 포스트모더니즘의 가장 중요한 주장 가운데 하나는 서구 이성중심주의에 대한 비판이다. 이에 따르면 플라톤 이래의 이성, 로고스의 전통은 후기 근대에 이르러 근본적으로 문제가 된다는 것이다. 근대 이성중심주의의 일방성은 이성의 신화화란 관점에 의하여 해소될 수 있다. 이성의 신화화 또는 신화와 예술을 통한 이성주의에 대한 비판이나 보완이란 관점에서 포스트모더니즘의 다층위적이며 혼합적인 특성이 형성된다.

포스트모더니즘 철학은 여러 상이한 이론들을 포괄하고 있다. 예를 들어 바즈다(M. Vajda)는 비트겐슈타인(Wittgenstein)의 문화구상을 유명론적 언어로 이해한다. 이러한 맥락에서 하이데거와 함께 비트겐슈타인이 포스트모더니즘 사상의 원류로 제시된다. 그 논거의 중심은 언어철학이다. 언어와 역사는 결코 보편적 이성의 구체화로 이해될 수가 없다. 여기에 현대 철학의 중요한 특성 가운데 하나인 언어학적 전환이 지니는 의미가 자리한다. 그러기에 하이데거 철학의 업적이 포스트모더니즘 사고에 중요한 전거로 원용된다. 하이데거의 사유작업들은 '철학과 사회이론, 언어이론의 경계영역에서 이루어지고 있다. 이렇게 이해할 때 언어 자체는 인간의 자기표현, 즉 인간 실존의 자기표현'을 의미한다. 이는 언어가 '인간의 실존적 상황에 대한 표상이며 자기반성의 매개'라는 의미이다. 하이데거 언어철학의 핵심은 그 자체로 '형이상학 이후 사고'의 기획으로 해석된다.(Reijen, Renner) 이러한 언어철학적 관점이 예술 철학과 함께 하이데거의 사고가 포스트모더니즘에서 지니는 핵심적 의미가 된다.

또 다른 측면에서 보면 데리다, 푸코, 리요따르와 들뢰즈(G. Deleuze) 등의 포스트모더니즘 사상가들은 니체를 재조명하고 있다는 점에서 하이데거의 사유에 가까이 서있다. 이는 하이데거의 기초존재론적 철학의 관점에 따른 전통철학의 '로고스 중심주의'에 대한 비판과 포스트모더니즘의 '메타 담론', '사회적 이성화'에 반대하는 형이상학 비판이란 지반이 공유하는 특성들이다. 포스트모더니즘의 사유경향이 하이데거 철학을 해석하는 관점은 전통 형이상학에 대한 그들의 비판적 대결에 있다. 서구형이상학은 '막다른 길(Holzwege)'을 걷고 있다. '형이상학 이후'의 사유를 형이상학 극복이란 사유로 발전시키는 바티모의 철학은 정확히 이러한 맥락에 따라 설정된다. 한편 화이트(S. White)는 푸코에 힘입어 근대성과 탈근대주의를 '타자에 대한 책임성'이란 관점에서 의미를 규정한다. 이러한 책임성의 도덕적 혹은 더 정확히 도덕-예술적 관점에 따라 의미를 규정하는 작업은 수많은 포스트모던적 분석의 기점이다. 주체와 타자에 대해 지니는 책임성의 의미가 지니는 차이점은 언어에 대한 다른 이해에서 유래한다. 그러한 주장은, 현대 철학의 특징인 언어학적 전환과 철학적 인간학에의 강조가 이러한 철학들이 포스트모더니즘으로 연결되는 기점이 된다는 의미이다. 이런 생각에 따르면 포스트모던의 핵심적인 주제인

'차이'와 '다원성'이란 개념은 언어와 인간 본질에 대한 현대 철학의 관점이 포스트모던적 사유체제 안에서 새롭게 부각되고 해석된 것이다.

벨쉬 역시 포스트모던을 근대의 완성으로 이해하면서도, 근대와 다른 점을 다원성에 대한 이해에 달려있다고 말한다. 포스트모던은 다원적인 근대일 뿐이다. 그러나 벨쉬의 관점에서의 문제는 근대와의 연관을 너무나 강조한 나머지 다원성이 지니는 본질적 의미를 이해하지 못하고 있다는 점이다. 벨쉬에 의하면 포스트모던의 다원성은 '근본적 다원성'이며, 최종적인 다원성 또는 통합성과 총체성의 제약을 벗어난 다원성이다.[9] 포스트모더니즘이 옹호하는 다원성은 다양한 것들의 단순한 나열이나 다원주의적 편성이 아니다. 그것은 여러 다양한 코드들이 서로 교차하는, '다중 규칙성'을 의미한다. 이런 관점에서 다원성을 말하는 벨쉬는 다른 한편으로 포스트모던이 지니는 근대와의 연속성을 강조하기 위해 포스트모던의 다원성을 지나치게 근대라는 틀 속에 집중시킨다. 이러한 그의 주장은 그 자체로 모순적이다. 이때의 차이와 다원성은 근대성 안에 존재하는, 그것의 극단적 현상에 지나지 않게 된다. 그러나 근대성은 본질적으로 존재론적 동일성과 일원성의 원리에 근거해 있다. 그때의 다원성이란 결국 보편성에 포함된 차이일 뿐이다. 그러기에 그는 포스트모던을 단순히 근대의 급진적 기획 정도로 이해하고 있다. 포스트모던주의는 기껏해야 근대가 극단화된 형태, 후기 근대의 사조에 지나지 않게 된다.

근대성에 자리하고 있는 인간은 언어를 인간 행위와 병렬적으로 이루어진다고 이해한다. 이때의 언어는 인간이 세계를 다루는 도구이며 매개물이다. 이에 반해 포스트모더니즘에서는 언어를 '세계 현시성', 인간이 자신을 드러내는 매개물로 이해한다. 이러한 관점은 특히 푸코와 데리다에게서 두드러지게 나타나고 있다. 이러한 이론적 배경은 하이데거의 언어철학이 지닌 포스트모던적 특성이다. 그것은 언어에 대한 근대의 이해를 넘어 포스트모던주의적 이해를 지향한다. 그러나 하이데거의 언어철학은 철저히 존재론적으로 방향지어져 있다. 그러기에 언어철학적 지반을 공유함에도 불구하고 하이데거와 포스트모더니즘과의 연결점을 언어철학의 관점에서 이해되는 '윤리학과 실천철학'에서 찾을 수는 없다. 이것은 하이데거가 언어철학, 진리 모형의 비판과 해체의 의미항 이외 다른 부분, 즉 자아성이나 역사의 진보에 대한 이념 등에서는 탈근대적 의미를 미처 파악하지 못하였다는 의미이기도 하다. 이러한 하이데거의 결함에 반하여 포스트모더니즘은 근대성의 해체를 통해 탈근대적 사유를 어떤 실천적 방향으로 이끌어가고 있다. 또한 그러한 방향성 안에서 포스트모더니즘적 특성의 구체적인 성격을 발견할 수 있다. 포스트모던 철학은 그 어떤 이전의 철학적 조류에 비해 실천이란 영역에서 커다란 의미를 지니고 있다. 그것은 또한 포스트모던주의가 철학의 영역을 넘어 사회와 문화 전반으로 확대되는 이유이기도 하다. 이런 실천적 방향은 특히 리요따르에게서 분명히 드러난다.

포스트모더니즘의 철학적 함의

포스트모더니즘의 탈형이상학적 성격

서구의 전통 철학에 기반한 진리 개념은 동일성과 일원성의 원칙에 뿌리내리고 있다. 일찍이 토마스 아퀴나스(Th. Aquinas)에 의해 정식화된 진리 개념은, '인식이성과 그 대상인 사물이 일치할 때 그것이 진리(veritas est adaequatio intellectus et rei.)'이다. 이러한 원칙은 야메(Ch. Jamme)의 표현대로, "주체의 지배하에 있는 객체와 그에 근거한 인식론에 근거"하고 있다. 이러한 인식론의 지배는 오로지 이성 중심과 인간 중심의 사유를 전환함으로써만이 '초극(verwiden)'될 수 있다. 포스트모더니즘의 토론 공간, 무엇보다도 리요따르와 푸코에게서는 진리 추구를 일원론의 관점에서 바라다본다는 것은 전혀 무의미한 것이다. 왜냐하면 그러한 의미에서의 진리란 존재하지 않기 때문이다. 이러한 탈일원론적 진리관에 의한 사유의 과제란 형이상학 이후의 사유, 즉 하이데거의 '형이상학 역사의 해체'에 근거한 사유에 힘입고 있다. 해체는 물론 새롭게, 그리고 달리 재구성하려는 의도에서 기인한다. 이러한 사고의 발전은 항상 '해체의 작용 이상으로 또는 달리 말해서 '재구성'의 작용과 동일시'된다는 특성을 지닌다. 포스트모더니즘의 계몽주의 비판은 무엇보다도 일원론의 원리에 대한 비판이며 전통 형이상학의 이른바 '빛의 형이상학'에 근거한 전체성이라는 본성에 대한 비판이다.

탈형이상학적 사유란 차이의 사고, 즉 존재론적 차이의 사고이며, 또 그에 힘입은 언어의 철학이다. 포스트모던적으로 이해된 언어철학은 기술과 시 짓는 행위(詩作)에 대한 사유와 연관하여 탈근대의 원리로 제시된다. 언어 이론과 언어철학을 통하여 포스트모더니즘은 자신의 사유를 근대를 벗어나는 계기로 작용하게 만든다. 서구의 언어 이해는 여러 가지 형태와 방향에서 형이상학적 사고에 의해 각인되어 있다. 따라서 존재의 본질에 대한 사고에 기반한 형이상학적 언어 이해를 포기하지 않는다면 언어는 결코 인간이 자신을 드러내는 과정에 따라서는 이해되지 못할 것이다. 왜냐하면 그러한 형이상학적 표상은 존재의 본성에 대한 물음을 이룩할 수 없기 때문이다. 근대의 동일성과 일원론적 폭력은 다원성과 차이를 부정한다.

그들은 단지 세계와 언어를 실체론적으로 이해할 뿐이다. 어떤 초월적 본질이 존재한다는 사유 구조에서 언어는 단지 그러한 초월세계의 반영에 불과하게 된다. 이러한 언어 이해는 결코 근대의 그물에서 벗어날 수가 없다. 그에 따라 언어에 의해 드러나는 차이와 생성의 힘은 함몰될 뿐이다.

예술은 이성과 달리 차이를 발생한다. 학문은 보편성이란 지반에 기초하지만, 예술은 차이에 근거한다. 모든 학문은 동일한 원리에 따라 움직이지만, 어떤 예술도 결코 같은 원리에 따라 이해되지는 않는다. 이렇게 생성되는 차이가 근대의 존재론적 동일성과 일원성을 넘어 다원성을 창출한다. 탈근대의 과제는 다원주의에 부합하는 새로운 사유 구조를 도출하는 것이다. 그것은 다원성에 부합하는 '새로운 합리성'에 대한 요구이다. 포스트모더니즘은 현대 위기의 발생과정을 분석함으로써 합리성의 사유체계에 의해 배제되고 억압되었던 다양한 합리성의 모델을 복원하려 한다. 서양중심주의에서 벗어나 '문화적 차이에 대한 감수성을 단련하고', 나아가 '통합될 수 없는 것을 그 자체로 견뎌낼 수 있는 우리의 능력을 강화'하는 것이다.[10] 탈중심의 문화는 각 문화의 정당성을 가로지르는 다원적이며, 전체가 서로 역동적으로 관련을 맺는 다층적 총체성의 문화이다.

'해체'의 사유도식이 하이데거의 근대 학문에 대한 비판과 형이상학 비판에 힘입고 있음은 이미 잘 알려진 바와 같다. 이는 또한 전통적 시간 개념의 비판을 의미하기도 한다. 이러한 하이데거와의 연관, 특히 그의 형이상학 및 시간 비판에 연관지어 데리다는 서구 근대의 문화를 분석하고 이를 벗어나는 새로운 문화를 해명하고 있다. 이로써 그 이후 해체와 후기구조주의로 불리는 데리다의 돌진은 비판적 성찰을 진행시키는 매우 의미심장한 과정으로 이해된다. 탈형이상학적 사고에 자리한 진리 이해의 모형 역시 이러한 비판과 연관하여 그 근거가 확립된다. 탈형이상학적 진리 모형은 미학 이후의 사유, 탈미학적 사유라는 관점으로 설정된다. 이는 '해체'라는 개념이 전통적 미학의 인습에도 마찬가지로 적용된다는 의미이다.

전통 미학(aesthetic)은 주관·객관 도식에 의한 형이상학구조에 사로잡혀 있다. 형이상학적으로 방향잡힌 미학을 해체하는 것은 예술 자체에 대한 주관·객관 구조의 해방을 의미한다. 그에 의하면 인식론적 주관의 대상, 예술적 심미안의 대상으로 이해된 작품은 자신의 존재 의미를 감추어 버린다. 예술 작품은 그 대신 존재 발생에서부터, 즉 그의 근원적 진리에서부터 특성지어진다. 이러한 미학의 극복 또는 형이상학의 극복이란 사건에 따라 이해되는 포스트모더니즘적 예술 철학은 니체에서 시작하여 하이데거의 예술 철학에서 그 내용이 결정된다. 포스트모더니즘 예술은 근대 예술의 사실적 회화 형태를 실체론적 관점과 얽혀있는 것으로 간주하는 '묘사적 미학'을 파괴한다. 그것은 '사물을 지배적으로 정립시키는 관점의 파괴'를 의미한다. 이와 같은 생각에서 바티모는 탈근대적 예술체험은 니체의 '힘에의 의지'로서의 예술이라는 관점에서만이 아니라, 무엇보다도 하이데거의 형이상학 이후의 존재론이라는 관점에서 고찰해야만 한다고 말한다. 이 철학은 형이상학의 종착점이란 시점에서 존재를 예술에 의하여 주어진 방식으로 자신을 나타내 보이게 한다. 그러기에 이러한 포스트모더니즘은 무엇보다도 자신을 근대 이성 중심의 주변에 자리한 미학을 생성의 탈미학으로 정립하는 과정에서 이해한다. 포스트모더니즘의 특성은 결국 전통 형이상학 이후의 형이상학을 지향하는 것이다. 또한 이러한 전환에서 유래한 현대 문명 구조의 사유틀 변화(Paradigmenwechsel)로 특징지어진다. 포스트모던 미학은 실체를 묘사하는 미학이 아니라 의미와 차이를 드러내는 미학이다.

포스트모더니즘의 기술(技術) 이해

포스트모더니즘이 현대의 기술과 지니는 관계는 벨쉬에 따르면 결코 대립적이지 않다. 현대 기술이 완성시킨 업적과 그에 의해 각인된 것들은 포스트모더니즘에서도 그대로 수용한다. 그 말은 기술과 관계된 포스트모더니즘은 근대를 '아주 타당하게 교정하며' 그것을 보완하고 있다는 뜻이다. 이를 통해 포스트모더니즘은 근대 기술을 단순히 옹호하거나 또는 일방적으로 거부하거나 혐오하지도 않는다. 그것은 단지 '기술적 이성중심주의가 범람하는 것'을 거부할 뿐이다. 기술에 대한 포스트모더니즘의 관계는 기술의 발전이 얼마나 이성중심주의의 원칙을 그 기조에 깔고 있는지의 관계 설정에 달려있다.

근대의 기술적 사유를 비판하는 것은 결코 개별·기술적 도구에 관계되는 것이 아니다. 그것은 결코 '기술적'인 것에 대한 질문이 아니라 '기술의 본질'에 관한 것이다. '기술적'이란 것은 하이데거에 의하면, 기술적 구조 안에 자리잡은 인간 행위와 사고 그리고 그에 의한 인식을 말한다. 기술의 본질은 존재의 진리와 연관지어볼 때 탈은폐(Ἀλήθεια), 감추어진 진리의 의미를 드러내는 성격을 지닌다. 기술의 본성은 실재성을 지향하는 특정한 실천의 행위를 의미하지 않는다. 차라리 그 의미는 기술(technics)의 어원인 그리스어 테크네(τέχνη)가 지니는 근원적 의미에서 살펴볼 수 있다. 그 말은 실재성으로부터 '밖으로－이끌어－냄'으로 규정된 진리 표출의 행위이다. 포스트모더니즘 사고와 하이데거의 기술에 대한 사유의 연결점은 바로 이 점에 자리하고 있다.

서구 철학의 역사는 실재성에 대한 형이상학적 이해의 과정이다. 이러한 실재성을 근대 학문은 과학·기술적 방법으로 정립한다. 기술은 본질적으로는 '실재성 획득과 실재성 창조'에 관계된다. 그러나 현대의 기술은 자연과 사물, 심지어 생명까지 대상화하고 실체화하여 장악하는 방식으로 이러한 과정을 수행하고 있다. 만약 철학이 형이상학으로 자신을 이해한다면 이러한 기술주의에 기반을 둔 철학은 근대의 형이상학이 완성됨으로써 종말에 이르게 된다. 이러한 의미와 연결지어 살펴볼 때 기술주의적 형이상학을 극복하려는 노력은 형이상학의 완성으로서 철학의 종말을 '초극'하기 위한 기획으로 이해된다. 이 같은 사유의 노력은 탈미학이라는 사유에서 시작하여 궁극적으로 기술주의를 극복하는 데에서 완성된다. 그것은 근대의 기술이 이룩한 결과물이 궁극적으로 현대 문화를 가장 위험하게 만든다는 인식에 기초한다. 그 위기의 한가운데에서 예술은 기술의 본질적인 특성, 사물의 의미를 드러내는 구원의 힘을 드높이는 '최고의 가능성을 보증하려는' 노력으로 연결된다. 이러한 사유, 기술주의에 대한 극복의 과정은 한편으로는 근대의 기획을 보완함으로써 오늘날의 문화를 위기에서 전환시키려는 노력이다. 이 점에서 현대 문화의 위기 극복이 근대성 극복과 만나게 된다. 그것은 궁극적으로 서구 형이상학의 극복이란 사고에 근거하여 이루어진다.

'형이상학의 종말'이라는 명제로서 하이데거가 의미하는 것은 당연히 형이상학이 더 이상 현존하지 않게 된다는 말이 아니다. 그것이 말하고자 하는 바는 전적으로 그 반대의 경우이다. 형이상학은 그 끝에 도달하였다. 왜냐하면 '그의 원리가 실제적 역사로서 유럽의 실재성이 되어버렸다는 사실' 때문이다. 서구의 철학적 사유과정은 존재자 자체에 대한 추구에 있다. 그러나 그는 곧 존재자 자체를 최고의 존재자로 이해하였으며 그 끝은 니체의 절규처럼 허무주의로 귀결되어버렸다는 것이다. 기술의 원리 안에 기초한 근대의 학문은 불가피하게 실재성이란 원리에 근거하여 유럽 역사에서 학문을 실재성에 관련된 체계로 그 형태를 바꾸었다.

기술의 발전은 근대의 지속에서 가능한 것이다. 근대의 기술이 이룩한 새로움이란 단지 사물들이 동일한 방식으로 진행된다는 의미일 뿐이다. 역사에 대한 니체의 비판과 과학·기술주의에 대한 하이데거의 비판은 이런 점에서 만난다. 바티모에 의하면 기술의 발전이란 '이론적 차원에서 진보 개념이 세속화에 의해 스스로 준비되고 수반된 것에 지나지 않는다. 따라서 진보는 익숙해진 일상으로 된다. 계몽주의가 이룩한 새로운 진보를 이런 조건으로 창출하려는 진보, 지향성을 상실한 진보의 이상은 공허할 뿐이다. 이것은 결국 계몽주의가 이룩한 역사와 이상, 의식과 문화의 진보라는 개념을 세속화시킨 것에 지나지 않는다. 이에 따라 진보 개념 자체가 해체될 수밖에 없게 된다.

이성과 합리성에 의한 역사의 진보란 바티모에 의하면 강한 사유에 지나지 않는다. 그것은 역사의 완성과 진보가 이룩되는 강력한 시간이다. 그 시간은 블로흐(E. Bloch)가 마지막 형이상학적 환상으로 대변한 근대의 표상을 가리킨다.[11] 그 역사는 타자를 소외시킴으로써 폭력으로 작동하는 강한 이성의 역사이다. 이에 비해 타자의 존재 조건과 의미를 긍정하는 약한 사유가 근대 이후의 이성 개념으로 제시된다. 역사에서의 여러 다양한 표상과 다원성의 존재 조건은 이러한 약한 사유가 이룩하는 터전에서만 가능하다. 그래서 모든 역사의 흐름을 통일적으로 받쳐주는 원리는 존재하지 않는다. 단지 다양한 역사들, 즉 의식과 집단적 상상력에 있어 과거의 다양한 차원

들과 과거를 재구성하는 다양한 방식들만이 존재한다. 포스트 모더니즘의 철학은 그 근거로써 다원성의 원리를 주장한다.

철학의 종말이라는 주제

하이데거가 그리스 고대 철학 이래의 서구 철학을 '존재-신-학'이라 특성지운 것은 이미 잘 알려진 사실이다. 서구 철학의 역사는 그 시작에서부터 근대의 과학·기술주의의 완성에 이르기까지 존재론으로 요약할 수 있다. 현대의 과학·기술 문화는 전통적 형이상학이 우리의 문화와 그의 사고 도식 안에서 첨예화된 형태로 막다른 길에 이른 주관-객관의 관계 모형이다. 여기에는 두 가지의 사고체계가 내재한다. 그 하나는 유대-그리스도교의 유일신론 전통이며, 또 다른 한 축은 그리스의 존재자에 대한 실체론적 사유와 이성 중심의 전통이다. 이러한 두 가지 전통은 철학에서 그리스도교적 존재론을 개념적으로 차용한 세계관과 함께 주어졌다.

근대 과학의 기술로 대변되는 현대는 인간과 자연, 세계를 대상으로 몰아세우는 시대이다. 이러한 시대는 사물의 시대이며, 인간이 '존재의 주인'으로 자리하는 시간이다. 이성의 원리에 따라 인간이 전체를 지배하는 시대인 것이다. 주관-객관 도식 안에는 서구의 인간에 대한 견해, 즉 인간은 '이성적 동물'로 특징지어진 이성의 존재자라는 견해가 감추어져 있다. 하이데거에 의하면 이러한 인간 본질에 대한 규정은 비록 틀린 것은 아니지만 그 근본 구조는 서구 형이상학에 의해 근거가 확정된 것이다. 이러한 사유체계는 이원론에 사로잡혀 있다. 즉, 주체와 객체란 개념틀에, 영혼과 육체의 관계라는 이항대립항에 갇혀있다. 주체의 형이상학은 분명히 근대 철학의 특징이다. 그러나 인간의 본질을 이성에 의해 규정하는 체계의 완성은 형이상학의 역사에서 조망해 본다면 분명 철학의 종말을 의미하는 것이다.

철학이 근대에 와서 종말에 이른 모습은 과학·기술주의와 자본주의에서 극명하게 표현되고 있다. 이성을 지닌 인간이 자연과 인간, 주체와 객체란 이원론적 도식에 따라 자연과 사물을 객체·대상으로 규정하고 이를 소유하려는 사고체계가 과학·기술주의이다. 이는 서구 형이상학의 불가피한 면과 최고의 결과로서 이루어진 것이다. 그것은 근대 사고가 스스로 발전된 결과일 뿐이다. 과학·기술주의로 완성에 이른 근대의 철학은 원자력 시대의 형이상학이다. 이 같은 과학·기술주의는 주체로 설정된 개인의 소유를 보장하는 체제, 즉 자본주의로 이어진다. 자본주의는 인간에게 고유한 무한한 지식의 욕구를 효율성의 원리로 포섭하여 자본의 산출과 이익의 관계를 무한히 극대화한다. 자본주의는 단순한 경제적, 사회적 차원을 넘어서 인간의 모든 관계를 규정함으로써 형이상학적 의미를 지니고 있다. 리요따르 역시 후기자본주의는 인간의 '언어를 생산적 상품으로 변형'시킨다고 지적한다. 베버(M. Weber)에 따르면 서양에서 합리주의가 발생한 것은 '보편사적 문제'이다.[12] 이러한 서구우월적인 일방적 견해에 비해 탈근대주의는 현대 기술문명의 논리인 도구적 합리성을 다시 생활세계의 의미체계로 환원시킬 수 있는 '다른 사유'[13]를 추구한다. 탈근대주의가 요청하는 다른 사유방식은 자연을 더 이상 인간과 대립하는 물질세계로 객관화하는 대신에 인간과 자연을 유기적 관계로 파악하는 체계이다. 그것은 인간을 자연과 대립되는 존재로 보지 않고 자연과 끊임없이 관계를 맺는 열린 존재로 받아들인다. 이때 자연과 인간은 더 이상 어떤 '실체'로 파악되지 않고 관계성의 존재로 이해된다.

근대의 형이상학은 '초월세계가 존재하리란 믿음'을 세속화한 철학이다. 그 형이상학에 대한 묘사는 니체의 사유에서 '힘에의 의지'라는 모습으로 첨예화되어 나타난다. 프랑크는 이러한 힘에의 의지를 '진리에의 의지가 변형'된 것으로 이해한다. 그에 의하면 이러한 진행을 비판하는 것은 바로 근대성에 대한 비판과 연관지어 형이상학의 비판으로 나타난다. 현대의 세계관이나 기계적 세계관은 계몽주의와 근대의 표상이다. 포스트모더니즘의 사유는 결국 탈근대적 성격에 근거한 패러다임 변화(Paradigmenwechsel)에 따라 판단될 것이다. 이는 좁은 의미에서 전통 형이상학 비판과 근대성 비판에서부터 그 터전을 열어가고 있다.

'철학의 종말'이란 담론은 이러한 상이한 방향들로 주제화되지만 전통 형이상학에 대한 비판이란 지반을 공유한다. 이것을 주제로 만든 좋은 예를 우리는 로티(R. Rorty)에게서 찾아

볼 수 있다. 그는 하이데거의 철학을 실증주의와 언어분석 철학에 연결하여 논의한다. 자신의 논의를 로티는 전통 형이상학의 무용성에서부터 시작하고 있다. 전통 형이상학은 궁극적으로 실재성과 진리, 인간성과 지식에의 추구가 불가능함을 스스로 자인하고 말았다. 그것은 전통 형이상학에 근거한 지식체계가 그 자체로 지닌 한계 때문이다. 이러한 형이상학 체제에 대한 비판은 근대성에 대한 비판과 연결되어 있다. 포스트모더니즘 철학은 전통적 진리 토론의 마당에 입장하기를 거부한다. 그 대신 자신의 철학에 근거하여 성립된 고유한 진리 모형을 찾으려 시도한다. 이 점에서 로티는 하이데거를 비트겐슈타인과 연결지으며, 데리다와 푸코의 철학은 이런 관점에 근거해서 이루어졌다고 말한다. 진리 이해의 틀에 따라 생각해 본다면 하이데거와 비트겐슈타인은 명백히 서구의 철학적 전통을 벗어나 있다. 이들은 이러한 관점에서도 이미 근대를 넘어 그 이후의 시대로 향해가는 싹을 자신의 철학 안에 간직한 탈근대의 철학자들이다.

로티는 이러한 논의와 연관하여 '철학의 종말'이라는 주제를 제시한다. 비트겐슈타인은 유고집 『철학적 탐구』(1967)에서 근대의 일원론적 사유와 작별하고 언어놀이의 다양성과 환원 불가능성을 밝혔다. 이러한 주제는 급진적 실증주의에 대한 변호의 근거로 원용된다. 그것은 어떠한 초월적 사고에 대한 배려 없이 실증주의를 가장 새로운 지평 안으로 이끌어가는 작업이다. 결국 이러한 작업은 철학적 실증주의에 근거한 포스트모던주의 철학으로 이해된다.

로티는 근대의 철학은 오류의 길로 접어들었다고 생각한다. 그 철학적 과제는 충족될 수 없는 것이며, 그 구상은 원리적인 면에서 볼 때 불가능한 기획일 뿐이다. 이 철학은 '형이상학이란 수수께끼'와 씨름하고 있는 것이다. 근대의 철학이 이룩한 문제 설정은 오늘날 포기되어야 한다. 로티는 이러한 철학을 문화의 여분의 공간에서나 이루어지는 것으로 간주한다. 그것은 수많은 철학의 종합을 잘못된 장소에 위치시켰다는 예증일 뿐이다. 그것은 철학에 대한 요구를 단지 비판적으로만 다루려는 문화를 포기해야 할 시간이 다가왔는지 자문하는 것이다.

포스트모더니즘의 철학

후기구조주의의 특성

이성중심주의의 타파

후기구조주의는 서구 형이상학적 체계에 대한 해체주의적 특성을 지니고 있다. 후기구조주의는 자의식이란 관점에서 하이데거의 존재론과 영미 언어권의 언어분석철학을 해체작업을 위한 두 원천으로 이해한다. 이러한 맥락에서 프랑크는 신구조주의를 언어철학으로 해석하고 있다. 그것은 영미 언어분석철학과 독일 해석학이란 별로 통하지 않는, 그러나 한편으로는 닮은꼴인 두 사조에서 시작된다. 신구조주의자들은 언어이론과 언어 의미에 대한 새로운 이해에 근거하여 역사의 존재와 주체의 존재양상에 대하여 질문한다. 내용적으로 이 '생동하는 해체의 작업'은 3가지 복합적 개념의 종합적 유희이다. 첫째로 영미 철학자들의 분석적 입장, 둘째로 독일관념론 또는 마르크스와 니체에 있어서의 존재억압이라는 명제에 대한 비판적 검증, 마지막으로 하이데거의 해석학과 이것이 실증주의의 정신과 사회비판이론에 각인된 측면들이다.

하이데거에 의하면 서구 형이상학의 역사란 오랜 신(神) 중심의 플라톤적 관념론의 전통인 형이상학이 자연을 정복하려는 의지를 지닌 현대 과학기술과 함께 지분을 나누어가는 과정이다. 이러한 서구 형이상학 역사의 감추어진 진행을 그는 주관성이 자기의 권능을 순차적으로 증대시키는 과정이라고 말한다. 그것은 합리성의 언어유희 과정으로 특징지을 수 있다. 프랑크는 이에 신구조주의를 구조주의라는 철학적 조망에서 유래하여 급진화하는 과정이며, 한편으로는 그로부터 와해되는 과정이라고 말한다. 이러한 견해는 니체의 형이상학 비판의 사고를 회고함으로써 형성되는 것이다. 포스트모더니즘과 근대 철학 사이에 존재하는 근본적 차이는 무엇인가. 신구조주의에 의하면 '대상에 대한 과학·기술적 지배 가능성의 사고'이다. 근대성과 비교하자면 탈근대주의는 체계와 지배 가능성에 대한 형이상학적 개념에 반대하여 그 무게 중심의 축을 해체하려고 시도한다. 이러한 생각을 신구조주의는 서구 형이상학에 대한 해체라는 관점에서 시작하여, 그것을 극복하려는 과정으로 방향지어간다.

후기구조주의가 해체하려는 '근대성'은 어떤 맥락에서 이해되는가. 그들이 문제시하는 서양 근대성의 일차적 특성은 이성을 진위판단의 준거점으로 내세우는 사유체계이다. 이러한 진위판단의 시금석으로 자리매김된 이성은 나아가 선악 판단과 행위의 준거, 심지어 아름다움(美)에 대한 판단의 준거로까지 작동한다. 이러한 사유 구조에 자리한 근대 철학은 궁극적으로 이성중심주의적 사고체계인 것이다. 헤라클레이토스가 만물의 근원(arche)을 논하면서 그 원리로 로고스를 거론한 이래 서구의 철학은 인간의 지적 능력으로서의 이성을 그 중심에 위치시켰다. 이러한 흐름은 중세의 신적 이성, 존재론적 이성이 데카르트로 대변되는 근대 철학에 이르러 인식론적 이성으로 전환되었을 때도 거듭 확인되는 사실이다. 그것은 존재·본질·실체·진리·목적 등의 어휘로 보편성과 동일성, 통일성과 체계성이라는 진리 추구의 명제를 이성중심주의라는 공간에 위치시키는 체계이다. 이것을 데리다는 현전(現前)중심주의, 로고스 중심주의라고 표현한다. 이들은 중세의 신중심주의에 따른 이성 이해이든, 또는 인간의 지적 능력이며 합리성으로 표현되는 인간중심주의적 이성이든 이성을 중심에 위치시켰다는 점에서는 본질적으로 아무런 차이가 없다. 그것은 인간이 지닌 진리 판단의 기준과 행위의 규범이 결국은 인간의 선험적 인식 능력으로서의 이성에 있다는 합리주의 혹은 초월철학적인 규정일 따름이다.

'주체와 타자' 도식해체

둘째, 주체에 대한 근대 철학적 이해를 해체한다. 그것은 일차적으로 인간주체에 대한 비판적 해체로 이루어진다. 근대철학의 인식론적 전환은 자아를 인식론적 주체로 설정하고 그 외의 모든 것, 타자와 자연, 세계와 신(God)조차도 객체로 설정하는 주관·객관이란 이분법적 도식을 설정한다. 이성적인 자아, 합리성을 근거로 하는 개체로서의 인간과 그들이 공유하는 시민 사회의 보편성, 진보와 인권의 개념은 모두 이러한 주체 중심의 사고에서 가능해진다. 데카르트가 설정한 인식론적 도식(cogito, ergo sum)은 존재론을 폐기하고 자아 중심의 주체 철학을 근거지우는 계기로 작용하게 되었다. '주체'로서의 인간은 인식론적 주체이면서, 합리성의 원리를 소유함으로써 존재의 주인으로 자리할 터전을 확보하게 된다.

주체의 해체에 대한 철학을 푸코는 구조주의적 사고를 거부함으로써 자신의 방식에 따라 전개한다.[14] 언어와 문화에 내재한 보편적인 구조 또는 본질이란 이념적 허구일 뿐이다. 인간은 권력의 결과물이며, 그에 따른 우연한 사회·역사적인 구성물에 지나지 않는다. 인간은 지식과 권력의 규율장치들, 넓게는 시대적 담론에 의해 구성된다. 역사의 진보가 언제나 이성의 결과물도 아니며, 그것이 직접 인간 해방과 연결되는 것도 아니다. 그는 감옥·병원·학교·광기·처벌·신체·성(sex) 등 권력이 작동할 수 있는 모든 담론체계를 문제시한다. 이성의 배타성, 예를 들어 정상과 비정상의 구분과 사회 구조 안의 생산적 그물망은 권력이 미시적으로 기능한 것이다. 인간의 주체란 결국 선험적이거나 초월적 형이상학의 구성물이 아니라, 문화적으로 의미화하는 활동의 산물이다.

라캉 역시 의식을 탈중심화하여 존재와 의식의 동일성을 거부한다. 존재와 사유의 동일성이라는 파르메니데스 이래의 동일성의 원리가 여기서 해체되기에 이른다. 이로써 니체와 프로이트를 이어 인간이란 존재는 생각과 존재가 갈등을 일으키는 분열된 존재로 살아간다는 것이다. 인간은 결코 합목적론적 존재가 아니라 무의식적 존재이다. 의식의 우월성에 의해 특권을 누리던 인간 주체는 이제 무의식이라는 타자의 기호에 의해 자율성을 박탈당한 채 살아간다. 그것은 자신의 욕망을 타자적 진술로서 소외시키고 기호화하며 살고 있는 것이다. 결국 나는 타자일 뿐이다. 인간은 끊임없이 균열과 침식 속에 의식과 무의식 사이의 욕망과 결핍에 따라 존재를 강요당하고 있다. 형이상학적 주체의 해체, 의식적 자아의 해체는 역사·사회·문화·권력·지식·무의식이라는 다양한 타자적 코드에 의해 작동되기에 이른다.

셋째, 주체 이외 모든 타자를 대상으로 설정하는 사유체계를 해체한다. 여기서 문제가 되는 일차적인 대상은 무엇보다도 자아 이외의 인간과 자연이다. 특히 자연은 이성의 힘에 의해 객관적인 대상이며 절대적 타자로 자리하고 있다. 이러한 자연 이해의 변화는 플라톤 이래의 수학적 세계관이 근대에 이르러 자연과학으로 설정되면서 필연적으로 결과된 것이다. 이러한 이해에서 자연은 절대적 타자로 자리하게 된다. 고대의 살아있는 자연이나 중세의 계시의 터전으로 이해되었던 자연은 대상으로서의 죽은 자연이 아니었다. 근대에 이르러 자연은 인간의 지배를 받는, 인간 욕망의 일차적 대상이 된다. 그것은 생명을 상실한, 죽은 자연에 지나지 않게 된다. 이러한 자연이해에 기초한 과학적 세계관은 마침내 19세기에 이르러 산업혁명과 근대 과학의 형성으로 우주에서의 인간의 위치는 물론이고 자연과의 관계에서도, 나아가 신적 세계와의 관계마저도 변화시키기에 이른다. 근대의 기계적 자연관이 불러일으킨 오늘날의 환경 위기는 포스트모던의 중요한 사유동기 가운데 하나이다.

넷째로 문제시하는 것은 이성의 신화에 의한 진보의 이념이다. 이성의 계몽 혹은 자연과학의 발달과 더불어 나오는 물질적인 진보와 발전은 역사가 목적론적으로 발전한다는 신념을 낳게 되었다. 또한 이러한 진보의 이념은 서양중심주의와 역사의 합목적론적 이해는 물론이고 역사의 종말까지도 보증하는 묵시론적 사유체계를 낳게 된다. 포스트모더니즘은 이러한 근대성의 기획이 하나의 허구이며, 단지 한 시대를 풍미했던 신화 또는 '거대한 이야기'에 불과하다는 비판을 제기한다. 이는 이성중심주의의 허구성에 대한 지적이며, 이로써 철학(형이상학)의 종언, 주체의 죽음, 역사의 종언에 대한 선언이 가능해진다.[15] 그들은 역사와 문화에 보편적인 원리와 법칙이 있다는 생각을 거부한다. 역사의 진보 역시 이성의 허구이며, 근대 인간의 희망사항일 뿐이다. 또한 계몽의 정신이 구현된 서양의 문화가 다른 문화보다 우월하다는 서양중심주의 역시 포스트모더니즘적 사유에서는 불가능한 것이다. 푸코는 진보의 개념 없이도 역사를 기술할 수 있다고 말한다. 데리다는 역사의 궁극적인 종점을 부정한다. 진보와 발전은 한편으로는 계몽주의적 사고이지만, 다른 한편으로는 역사의 완성으로서의 종말을 말하는 기독교의 묵시론적 역사관에 의한 것이다. 이것을 포스트모더니즘은 근대의 신화로 간주하여 폐기처분한다.[16] 그들은 역사와 시간, 문화와 학문을 다원성과 차이의 생성이란 관점에서 읽어내고 있다. 그러기에 그들은 그 안에 담긴 구조의 문제에 주목하는 구조주의적 사유체계를 넘어서 있는 것이다. 포스트모더니즘은 기호학적 기표와 기의의 차연, 욕망의 정치학, 몸의 담론, 소외되고 억압된 개체, 소외된 역사 등 다양한 문제들을 주제로 제기한다. 예를 들어 신체를 조망하는 사유는 플라톤 이래 영육이원론에서 근거를 찾는다. 그러나 포스트모더니즘은 이러한 신체 대신 이를 총체적으로 바라보는 개념으로 몸이란 용어를 사용한다.

자아와 다원성

마지막으로 후기구조주의는 절대 진리, 의식적 자아, 보편성의 주장을 근대성이 구현된 거대 담론으로 규정하고 이를 비판한다. 이들이 근대와 구별되는 가장 중요한 주제는 '차이'와 '다원성'에 대한 이해이다. 근대의 존재론적 동일성에 대한 차이의 강조, 일원성에 대한 다원성이야말로 포스트모더니즘이 철학적으로 특징지어지는 근거가 된다. 이것은 인간과 언어에 대한 새로운 이해, 결국 언어와 인간 본질에 대한 현대 철학의 관점이 포스트모던적 사유체제 안에서 새롭게 부각되고 해석된 것이다. 다원성이란 뿌리식물들의 뿌리가 땅속에서 서로 얽혀있으면서 맺어가는 관계처럼 그렇게 다양하게 형성된 문화와 사회를 말한다. 다원성은 보편적 인간 대신 개체로 존재하는 인간에게 각자에게 상응하는 존재의 원리와 자율성을 허용한다. 그것은 보편적이고 동일한 것, 전체에 얽매이지 않은 차이에 의미를 둠으로써 개인과 개체성, 부분 체계들의 존재 공간을 보장한다. 후기구조주의에 의하면 차이를 부정하고 동일성을 강조하는 사고는 거대 담론의 허구일 뿐이다. 일원성과 보편성이란 결국 존재론적 동일성의 원리가 형태를 달리하여 구현된 것에 지나지 않는다. 그것을 보증하는 본질·존재·이데아(idea) 개념은 물론, 그에 근거한 보편성과 합목적성 따위의 담론은 서구 철학의 시작이 근대에 와서 완성시킨 이념적 허상에 불과하다.

데리다의 해체

포스트모더니즘 사유양식은 근본적으로는 탈형이상학적 사

유체계와 연관되어 있다. 이 탈형이상학의 사유는 본질과 초월세계를 설정하는 전통 형이상학의 구조를 해체하려는 동기에서 시작된다. 포스트모더니즘의 의식 양태는 이러한 본질형이상학에 의한 자의식의 철학을 비판하는 노선으로 제시된다. 데리다는 '해체(Deconstruction)'의 철학을 하이데거의 존재사유에 자리한 내적 동기에서 그 철학적 근거를 이끌어 온다. 그것은 존재론적 차이와 '파괴(Destruktion)'에 대한 하이데거의 철학이다. 데리다의 해체주의는 '플라톤 이래 유럽 철학의 주된 경향에 대한 반작용'이다. 바꾸어 말하여 동일성과 그 원리에 따라 축조된 구조에 반대하는 사유로 성격지울 수 있다. 이러한 해체의 사유체계는 포스트모더니즘의 가장 강력하고 지속적인 동기로 이해될 수 있다. 그러한 관점에서 데리다의 해체주의의 전략과 그의 계보학(Geneology) 사고는 전적으로 탈형이상학의 철학, 탈근대성에 뿌리박고 있다. 'arche, telos, eidos, energia, ousia' 등의 형이상학 개념들은 절대적이며 무조건적인 '중심의 문맥' 안으로 자리하고 있다. 이러한 개념들은 그리스 철학 이래의 '로고스' 개념을 수용함으로써 실체 중심의 존재론에 연관지어져 제시되었다. 데리다가 '로고스 중심주의'라고 명명한 서구 형이상학에 대한 규범적 사고에 따르면 존재자의 존재와 존재의 의미는 눈앞에 자리한 사물처럼(현전성) 파악된다. 이러한 관점에서 기술에 대한 견해뿐 아니라 시간의식 역시 매우 중요한 역할을 수행한다. 후기 근대의 문화는 현전 형이상학에 의해 근거가 설정되었다. 데리다에 의하면 이러한 구조는 서구 형이상학적 사고의 원론적인 역학성에 기인하고 있다. 그는 이 로고스 중심주의 형이상학을 '서구의 거대하며, 형이상학적이고 학문적인 그리고 기술적이며 경제적인 모험의 핵심'을 이루는 것으로 규정한다.

기술성의 사고로 개념지워지는 서구 철학사를 데리다는 명확히 실재성에 대한 체험, 실재성에로 기울어진 사고 형태라고 파악한다. 해체의 사유에 따르면, 서구 전통 철학은 유효성과 비유효성에 의해 실재성의 원리를 파악하려 시도한다. 유효성이란 근대 학문과 기술이 의도하는 분명한 목표이다. 이는 자기 유지에 공헌하거나 또는 그것을 공고히 하려는 의도를 감추고 있다. 근대 학문과 기술은 '자기 유지를 넘어서서 하나의 의미를 달성하려는 시도'이다. 이러한 것들은 전통적인 개념으로 '행복한 삶 또는 행복'이라 불려져왔다. 이성으로 표현되는 인간의 지성은 그것을 위한 가장 중요한 도구로 작용한다. 여기서 제기되는 질문은 이성을 대신하여 예술이 이 실재의 원리를 체험하고 이해하는 적합한 매개물일 수 있는가 하는 점이다. 이러한 질문은 탈근대에 대한 토론에서 아주 중요한 접근 통로가 된다. 여기에 '근대 이후'라는 논의와 '미학 이후의 예술'이 접목되는 지평이 자리한다.

프랑크의 견해에 따르면 '해체'란 개념은 '의미론의 고전적 개념을 관례적 표현'으로 바꾸어놓은 것이다. 바꾸어 말하면 서구 형이상학적 명제, 데리다의 표현대로 로고스 중심주의적 개념과 지닐 수도 있는 연관성을 가능한 회피하기 위해 의미를 바꾸고, 형태를 변화시킨 것이다. 해체가 적용되는 유효 사정거리는 전 서구 형이상학의 역사이다. 프랑크에 의하면 해체는 하이데거가 존재라 이름한 것, 레비나스(E. Levinas)와 라깡이 '타자'라 이름한 것을 서구 역사에서 나타난 논의의 틀 안에서 하나의 담론으로 형성한 것이다. 잘 알려져 있듯이 데리다의 해체 개념은 서구 전통철학의 존재론 역사를 파괴하려는 하이데거의 기획을 모형으로 한 것이 아닌가. 데리다는 해체라는 착상을 구성의 과정으로 해석하였다. 그것은 이러한 개념의 긍정적 의미 또는 정확히 말해 해체 개념이 지니는 재건립의 의도를 명백히 드러내기 위한 의도에 따른 것이다. 그는 서구 형이상학적 사고 구조의 해체가 의미하는 바를 'déconstruire'로 표현하였다. 이러한 표현으로써 그는 '재구성'이라는 의미에서 해체를 새롭고 긍정적으로 나타내려 한다. 그와 같은 맥락에서 프랑크는 비판적인 해체주의의 의도가 파괴와는 부합하지 않는다고 분명히 말하고 있다. "파괴란 분쇄, 경감, 파멸시킴을 의미하며, 해체란 이와는 반대로 성벽의 철거, 어떠한 사고 전통 안에 건립된 것을 철거하여 기초의 해체, 그로 인한 같거나 혹은 다른 기초들을 납득할 만한 형태로 새로이 건립"할 수 있게 만드는 것이다. 이러한 의도는 "서두에 색인적으로 삽입된 'con'이란 표현에서 이 해체는 단순한 파괴와는 구별되는 것"이다. 그리하여 형이상학의 해체는 탈형이상학의 건립으로 이해된다.

이렇게 해체철학을 긍정적으로 고찰함으로써 프랑크는 해

체 개념을 전통적 형이상학 개념인 의식에의 '재현(Mimesis)'과 연결짓는다. 데리다의 시도는 주관성과 자기의식 개념의 해체이다. 이러한 해석은 서구의 주관 형이상학이 하이데거의 현존재 분석 안에서 해체된다는 의미이다. 데리다가 해체모형으로 의도하는 바는 '서구 사고의 건축 설계도를 밝히기 위해' 그 사고 구조를 뜯어내는 것이다. 즉, 전통 형이상학의 실체적이며 근원적인 동기, 근본적인 열정을 때로는 새롭게, 때로는 다르게 재구성한다는 의미이다.

포스트모더니즘의 다른 문화 현상

근대의 과학·기술은 수학적 세계관에 따라 자연을 고찰하는 특정한 방법론의 체계이다. 그것은 결정론적이며 환원주의적 사고, 실체론적 방식으로 자연을 바라보는 세계관이다. 그들은 자연을 수학적 원리에 따라 분석하고 체계화하는 기계론적 세계관을 설정한다. 이러한 근대의 과학·기술은 자신의 범위를 넘어 타자 전체를 대상으로 간주하고 있다. 그에 대한 비판은 근대의 기술비판 논의에서 충분히 다루어졌다. 단지 과학의 이론 자체에서는 아인슈타인(A. Einstein)의 상대성이론, 하이젠베르크(W.K. Heisenberg)의 불확정성 원리, 괴델(K. Gödel)의 불완전성 정의 등이 근대 과학의 패러다임을 넘어서는 과학으로 제기된다. 이런 근대과학의 범위를 넘어서는 과학의 업적들은 결국 과학의 가치중립성과 절대적 객관성을 의문시하게 된다. 여기에 패러다임 이론에 따라 근대의 과학체계의 절대성을 비판한 토마스 쿤(Thomas Kuhn)의 정상과학이론은 결정적인 역할을 한다. 또한 만델브로트(Mandelbrot)의 프랙탈(fractal)이론, 톰(R. Thom)의 파국이론, 프리고진(I. Prigogine)의 복잡성이론 등은 근대의 결정론적 과학체계를 극복하는 학문적 이론으로 주목받았다. 문제는 이들이 포스트모더니즘을 의도하지는 않았지만 여기에 근거한 오도된 포스트모던적 경향이 존재한다는 것이다. 일부 사이비 과학이나 대체의술 등이 포스트모던 사조에 편승하여 마치 대안과학인 듯이 자신의 주장을 펼치고 있다. 이 같은 근거 없는 주장들이 포스트모더니즘에 대한 일반인의 오해와 편견을 불러일으키는 데 결정적인 역할을 한다. 예를 들어 카프라(F. Capra) 등의 신과학 이론이나 뉴에이지(New Age) 운동 등은 신학과 철학, 심지어는 문학과 예술 분야로까지 확산되면서 이론적 배경 없는 공허한 이성 비판으로 이어졌다. 극단적인 경우 이성 자체까지 거부하고 근거 없는 신비주의적 경향으로 학문을 대치하려는 과격한 형태로 주어진다. 진지한 학적 논의를 막아버리는 사이비 학문의 폐해는 이런 점에서는 극단을 치닫는 느낌이다.

그 외 철학의 종말을 주창하거나, 역사가 극단적으로 상대적이며 무의미하다는 주장, 포스트마르크스주의 등의 포스트모더니즘은 문화 현상 전반에까지 확대되었다. 또한 문학의 경우 다원성을 원용한 글쓰기나 주체의 죽음을 자의적으로 이해한 경향을 넘어 때로는 모호하게 때로는 무의미하며 무책임할

정도로 포스트모더니즘을 오용하고 남용하였다. 여기에는 천문학 대신 점성술을, 신화적 세계관에 근대적 학문의 옷을 입혀 변형시키는 것, 직관으로 논증을 대신하며 이로써 학문을 넘어선다는 주장 등을 예로 들 수 있다. 그럼에도 이들의 주장은 많은 경우, 포스트모더니즘을 자신의 천박한 주장을 보증하는 원리로 악용하면서 진지함 대신 감정적 선언으로 지적 작업을 대신하고 있다. 그것이 초래한 수많은 오해들은 학문의 노력을 비웃음거리로 만들었다. 결론부터 말하자면 이러한 사이비 논의들이 근대를 벗어나 새로운 사유체계를 이루어야 할 사유의 고뇌를 희극화하고 있다는 점이다. 포스트모던이란 말이 조롱으로 쓰이는 이유의 대부분은 이러한 조악한 종류의 천박한 주장들 때문이다.

또한 동아시아의 문화가 근본적으로 포스트모던적이며, 포스트모던은 동아시아의 사유체계와 일치한다는 식의 주장 역시 그 논거의 깊이가 보잘것없고 공허하다는 점에서는 별다른 차이가 없다. 마치 근대를 극복할 사유의 원형이 이미 동아시아 사유에 내재해 있으며, 근대를 벗어난 끝이 동아시아 문화의 귀결인 양 주장하기까지 한다. 여기서의 관건은 유학이나 노장의 학문이 지니는 생성의 측면이 아니라 그에 대한 해석이 문제가 된다. 이들 철학이 지니는 생성의 특성을 근대성에 기반한 실체 중심으로 해석한다면, 그것은 거듭 근대의 철학일망정 탈근대의 사유에 근거한 사유일 수는 없는 것이다. 그러기에 문제는 동아시아의 철학에 대한 해석에 탈근대의 사유와 그에 다른 기획이 올바르게 담겨있는가에 달려있다. 포스트모던이 근본적으로 근대와의 관계 설정에서 제기된 문제라면 포스트모던의 기획을 말하기 위해서는 근대의 기획을 먼저 거론해야 한다. 문제는 '동아시아에 근대의 기획이 존재했는가'라는 명제가 분명히 밝혀져야 한다는 데 있다. 그럼에도 어디에서도 그러한 논의는 제대로 이루어지지 않는다. 포스트모던이 한창 유행할 때는 마치, 이성의 행진에 지친 서양이 드디어 동아시아의 총체적 세계관을 향해 다가오는 듯이 호들갑을 떨지 않았던가. 그것은 정말이지 희극적 포스트모던 논의의 극치이기도 하다.

탈형이상학으로서의 포스트모더니즘

탈형이상학적 진리 모형

포스트모더니즘이 근대를 벗어나는 탈근대의 철학으로 자리매김 되기 위해서는 서구의 형이상학 역사 전체를 극복하는 '이후의 형이상학', 탈형이상학의 철학으로 정립되어야 한다. 그러기에 포스트모더니즘은 궁극적으로 탈형이상학을 지향할 때 해체의 층위를 넘어 새로운 구성의 층위로 나아가게 될 것이다. 근대의 형이상학을 비판하고 근대성을 비판하는 사유의 동기는 결국 탈형이상학의 원리를 설정하는 작업에로 이어진다. '이성적 동물'이라는 인간 본질에 대한 정의는 이성중심주의의 원칙에 사로잡혀 있다. 이러한 서구 형이상학의 정의에 따르면 인간은 존재자의 존재를 자신의 이성에 의하여 이해하고 규정해가는 존재이다. 이러한 이해의 본질적 완성이 가능한지에 대한 논의는 형이상학 자체의 문제일 뿐이다. 문제는 이러한 이성 중심의 형이상학체계가 근대에 와서 주체의 철학으로 완성된다는 데 있다. 근대의 철학은 전통 형이상학이 완성된 결정적 시간(Epoche)이다. 이렇게 완성된 형이상학의 본질이란 '과학·기술학적 합리성의 형태' 안에 위치하고 있는 것이다. 근대에 와서 완성된 서구 형이상학의 사유도정이란 포스트모더니즘의 관점에 따르면 존재역사의 발전, 또 한편으로는 오류의 발전이다. 이러한 존재의 역사는 그 역사의 '전회', '변화점' 또는 '경향의 뒤바뀜' 등으로 방향 짓게 된다. 형이상학의 전환에 대하여 니체는 '그리스 비극정신'으로의 회귀를, 하이데거는 형이상학의 잘못된 발전을 극복하기 위한 '근원으로 돌아감'을 통해 성취할 수 있다고 말한다. 이러한 전환을 위하여 하이데거는 존재역사적으로 사고할 것을 재촉하며 그것을 '형이상학의 극복'이라 명명한다. 이러한 사유방식이 바로 탈형이상학이라 불리어지는 사유의 근본 동기이다. '극복'이란 결코 근대 철학의 사고체계를 단순히 폐기하는 것이 아니라, '근원적이며 엄밀한, 존재에 속한 사유'에로 돌아섬을 의미한다.

이러한 맥락에서 프랑크의 논점은 시사하는 바가 매우 많다. '형이상학의 죽음' 또는 '초월적 세계에 대한 확실성의 죽음'은 상부의 어떠한 초월적 존재, 적법의 가치, 준거점과 척

도로 제시되는 세계의 죽음을 의미한다. 이 정의는 근대의 조건을 '폐쇄'라는 도식으로 이해하는 사고이며, '형이상학의 죽음 이후의 상황'에 따른 것이기도 하다. 이러한 상황을 프랑크는 '탈근대'라 특징짓는다. 이 주장에 따르면 현대 이후의 지식 형태는 '결코 플라톤적 관념론이 아니며, 그리스도교적 신앙이거나 헤겔적 자의식'도 아니다. 이러한 근대 비판의 경향은 전통 형이상학에 대한 전반적인 비판에 근거하므로, 여기에는 이미 형이상학을 벗어나려는 특성들이 발생하고 있다. 탈형이상학적 경향에 근거하여 바라본다면 이러한 특성들은 서구 형이상학과의 대결에 근거하는, 이미 선포된 탈근대적 전환으로 이해할 수 있다. 근대 또는 현대에 와서 이루어진 전통 형이상학의 완성과 연관하여 형이상학의 극복 모형은 결국 근대성의 극복과 같은 의미로 이해된다. 이들은 무엇보다 근대적 진리 인식의 모형을 문제삼는다. 근대적 진리 인식의 틀로서 작용하는 모형은 진리의 총체적 모습을 놓치고 있다.

탈근대적 진리 모형은 진리의 총체성을 복원하며, 인식론적 이성에 의해 일면적으로 제한된 이성의 다른 모습을 되살리려 한다. 여기에 신화와 예술, 전통적으로 비합리성이라 폄하되던 진리 주장의 원형들이 복원된다. 포스트모던의 진리 모형은 매우 다양하게 제기되지만, '비합리성'에 대한 강조에서는 일치한다. 그것이 서구 이성 이외의 또 다른 이성이든 또는 서구 이성의 일면성에 의해 잊혀진 '이성의 다른 부분'을 복원하는 것이든 이 점에서는 한결같다. 푸코의 예에서 보듯이 지식 형태의 불연속과 지식의 고고학적 불연속에 대한 논의는 이런 모습이 새롭게 제기된 것이다. 데리다 역시 새로운 형이상학, 다원성의 형이상학으로 예술의 진리를 주장하고 있다. 이는 전적으로 하이데거 예술 철학의 신구조주의적 변형이라고 말할 수 있다. 또는 데리다가 말하는 새로운 글쓰기는 다원성으로 말하고 다원적 텍스트를 산출하는 글쓰기이다.[17] 이러한 사유는 심지어 근대의 기획을 완성하려는 하버마스에서도 보이고 있다. 그는 주체 중심적 이성, 인식론적 이성을 넘어 의사소통적 이성을 완성하려 한다.

포스트모더니즘이 시도한 근대 형이상학에의 극복 노력이 실패로 돌아갔다는 사실은 하버마스에 의하면 존재 개념에 담겨있는 시간을 초월한 본질적인 성격에 기인한다. 왜냐하면 '존재는 그 자신에서부터 탈취될 때만이 동시간적으로 발생할 수' 있기 때문이다. 하이데거의 존재론을 탈형이상학적 관점으로 해석하는 작업은 사실 하버마스의 비판에 상응하는 일이기도 하다. 그러므로 이러한 탈형이상학적 관점에 따라 우리는 하이데거의 철학을 형이상학 이후란 특성과 탈근대성의 의미와 연관지어 이해할 수 있게 되었다. 이러한 근거에서 바티모는 니체를 넘어 하이데거로 나아가게 된다. 그에 따라 자신의 철학을 탈형이상학이라 기술한다. 탈형이상학적 특성에서부터 예술 철학은 초기 낭만주의와 함께 탈미학적 성격에 따라 포스트모더니즘을 위한 예기치 않은, 그러나 핵심적인 사유를 제시한 준비 단계로 이해된다.

약한 사유의 형이상학

전래된 형이상학은 인간과 존재에 주체란 규정을 덧씌운다. 그 주체는 이성을 지닌 존재이며, 그 원리에 따라 세계와 역사, 사물과 자연, 타자와 자신까지도 규정하고 있다. 모든 실재는 이러한 원리에 따라 규정된다. 탈근대의 인간과 존재는 이러한 규정을 버리게 됨으로써 어떤 '흔들리는' 터전에 자리하게 된다.[18] 그 터전은 세계와 인간이 오랜 존재 근거를 버림으로써 참으로 '가벼워진' 실재성에 자신을 드러나게 하는 곳이다. 가벼워졌다는 것은 바로 진실한 것과 상상의 것 사이의 분열, 정보와 실재의 분열, 그러한 모습이 결코 첨예하게 나타나지 않는 영역을 말한다. 이것은 주관과 객관의 형이상학적 개념들은 물론 그로 인한 실재성과 진리가 근거로서 드러나지 않는, 그들의 무게를 상실하게 되는 세계이다. 여기서 우리는 이러한 터전을 전통 형이상학의 속박에서 벗어나는 유일한 탈출구이며, '약한 사유에 의한 형이상학'을 말할 수 있는 곳으로 이해한다. 그것은 더 이상 근대에서 형성된 근대성의 의미를 일방적으로 비판하는 것이 아니라, 근대를 수용하고 그를 회복하며, 근대의 방향을 전환시키는 길이다. 이것이 바티모가 이해하는 '탈근대 사유의 미약하지만 새로운 시작의 기회'일 것이다.

바티모는 하이데거의 근대성 비판을 원용하여 그의 탈근대적 사유를 전개한다. 그것을 바티모는 '약한 사유'라 이름한다. 이 사유는 일차적으로 다가올 미래의 사유형식을 의미한다. 이것을 이해하는 토대는 전통 존재론이 해석학이 될 때 가능하다. 이러한 사유의 기본적 원리는 '이성의 약화'로 인해 주어지는 것이기에, 탈근대의 다원화된 합리성의 형태란 더 이상 거대 이성에 통합되는 강력한 형태를 지니지 않는다. 이것은 근대 이전의 합리성의 명령을 합리성의 분화와 약함이란 다원성의 상태로 전환시키는 것이다. 이 점에서 이 '약함'의 규범이란 거듭 전체적인 동일성 철학이란 탈출구 없는 상황에서 벗어나는, 다원성을 유지하는 원리이다.[19]

후기 근대의 인간 실존은 이성의 힘에 의해 역사와 자연, 문화와 타자를 지배하는 강한 실존의 인간이 아니다. 그것을 바티모는 '존재의 약화'라고 표현한다. 서구의 철학은 인간과 존재를 형이상학적이며 플라톤적으로 사유한다. 또한 사유와 실존에 '자기 자신을 근거지우고' 논리학과 윤리학을 통하여 비생성의 영역에 자신을 고정시키는 과제를 수행한다. 이러한 확고부동한 구조에서 인간과 존재가 사유되는 강력한 구조이다. 이런 강력한 사유로 탈근대주의라고 불리는 진정한 포스트형이상학적 시대를 체험하기란 불가능하다. 문제는 비형이상학적 진리관을 개척하는 일이다. 그런데 이 진리관은 진리를 과학적 인식의 실증주의적 모델의 관점에서 해석하지 않는다. 탈근대주의의 진리 경험은 예술적 경험일 것이다. 따라서 탈근대의 철학은 인식론을 넘어 존재론적 해석학으로 이해된다. 그럼에도 그것은 진리의 경험을 감정·주관적 지각으로 축소하거나 환원하는 것과는 무관하다.

다원성에 의해 이성은 약화되며 힘을 상실하게 되는 기로에 처하게 된다. 이러한 형태의 약화는 역사적 진보에 따라 이끌려진 결과이다. 니체의 허무주의가 지니는 이중성은 이런 진보의 양면을 보여 주고 있다. 그 역사는 한편으로 뒤집힌 플라톤주의로, 또 다른 한편으로는 새로운 시작을 직시하는 양면성을 지닌다. 그러기에 이러한 진행은 긍정적 모습으로 그려진다. 약함이라 불리는 새로운 관점은 단지 자의적으로 선택된 것이 아니라 사유의 역사에서 얻어진 귀결이다. 사유의 역사는 강함이란 구조를 넘어 약함의 형태로 방향지워진다. 이 변환은 특히 이성에 적용된다. 이렇게 함으로써 이성은 마침내 자신의 폭력에 대한 전통적 인력에서 해방된다. 이제 이성은 의식적으로 '감소되고' '약한 이성'이 되어야만 할 것이다. 이러한 이성에 의해 형성된 형이상학이 바로 '약함의 형이상학'이다.

바티모에 의하면 존재와 사유의 강력한 착상을 통해 철학이 시작되었다. 사유와 존재는 모든 것을 포괄하며 규범적인 구속력을 지니게 된다. 그것은 동일성이란 보편적 범주와 원리의 의례를 통해 폭력적으로 작용하게 된다. 이러한 서구 형이상학의 기획은 지속적으로 유지될 수 없으며, 불가피하게 강인함을 포기하고 부드러운 기획에로 넘어가게 될 것이다. 그것은 바로 서구의 사유 역사가 전체적으로 보아 약화의 과정 또는 하강의 과정으로 특성지워지는 데서 드러난다. 그것은 존재론에서 해석학으로, 존재에서 현상으로, 강한 사유에서 약한 사유로, 일원성과 동일성에서 다원성으로 이행되는 과정으로 나타난다.

고전적인 이원론은 무가치한 것에 대한 가치 추구, 오류에 대한 진리, 악에 대한 선이란 도식으로 설정되었다. 이것은 현상의 실제적 이해에는 아무런 도움도 주지 못한다. '약한 사유'는 두 가지 의미에서 '차이의 사유'로 규정된다. 먼저 전통을 시험하는 것으로서의 다른 사유이다. 둘째 이것은 하이데거의 존재론적 차이의 사유에서 출발한다. 이 사유는 존재가 본질적으로 탈취되는 것이며, 존재의 최후 근거를 추구하는 일은 모순적인 행위임을 드러낸다. 다른 사유는 무근거를 사유할 수 있는 것, 존재의 역동성을 이해하는 사유이다. 이렇게 사유된 존재는 '전체성'이란 이름으로 전통 형이상학이 꿈꾸어오던 정당성의 억압에서 벗어나려 한다. 전체성의 계명을 모든 권위적인 지배체계의 가면으로 규정하고 거기서부터 우리를 자유롭게 한다. 이러한 존재는 우리를 자유롭게 할 것이며, 동시에 전통적 의미에서 볼 때는 동요 상태인 그런 터전으로 이끌어 갈 것이다.

니체는 이러한 상태에 직면하여 두려움과 허무주의를 맛보았다. 제일의 원리와 마지막 근거, 확정하는 형이상학, 제일원리로서의 존재와 근거, 신 등의 개념은 그 힘을 상실하는 체험을 안겨준다. 약화와 분산의 사고는 단지 강함의 자리에 다른 것을 대치하는 것이 아니라 강함을 해소하는 모습으로 드러나게 된다. 이러한 실존은 '흔들리는 실존'이며, '신이 사라진'

세계에서 신경쇠약에 걸리지 않고 사는 것이다. 그것은 확정되고, 확실하며 본질적인 구조가 아니라 오로지 상호 '어우러짐'의 근거에서 살아가는 실존의 모습을 띠게 된다. 이러한 철학은 확실성과 영원성의 형이상학 대신에 현상의 다양성을 그 자체로 평가하는 형이상학이다. 다가올 형이상학은 그런 능력을 소유하고 있다. 그 철학은 더 이상 플라톤적 가치와 의미의 체험이 아니라 새로운 가능성과 역동성의 의미를 다시금 되살리는 형이상학이다.

여기서 바티모는 이러한 삶의 조건과 사유의 기준에 의해 실제적인 '현실성의 존재론'을 거론한다. 이 관점이 특히 중요한 것은 '모든 것에 통용되는' 사유방식과 구별된다는 점이다. 약한 사유는 그 자체로 약한 것이 아니다. 약함이란 특성은 강력한 사유 또는 강함에 의해 이루어지는 특정한 이해 구조와 형태에서 구조적으로 구별된다. 모든 것에 통용되는 보편적 규정의 사유방식에 대치되는 것이다. 약한 사유란 무분별함에 대해 사려 깊음을, 구조 대신에 과정을, 동일성의 훈령 대신에 다양성의 원리를, 경직성 대신에 유연성을, 지배적인 규정 대신에 부드러운 결과와 결단을 드러내는 다른 인상을 지닌 사유를 의미한다.

약한 사유는 이제 미학적·묘사적 사유로 이해되는 해석학적 중추기능을 지닌다. 이것은 이미 니체와 호크하이머(Horkheimer), 아도르노(Adorno)가 '강력한 사유'를 평가절하했을 때 일관되게 유래하는 사유양식이다. 이 양식은 강인함으로 두드리는 사유, 전통적 사유를 대신하는 것이며, 소크라테스 정신 대신 니체가 디오니소스적 사유를 거론할 때 드러난 것이다. 그것은 차이를 보증하는 미학적 사유를 의미한다.

이러한 존재론적 해석학의 합리성 구상은 근거지움을 '해석학적'으로 설정한다. 그 해석학적 지주는 형이상학의 잘못된 일면성을 벗어나려는 기획이다. 다른 한편 상대주의나 또는 이성의 기획을 완성하려는 하버마스와 거대 서사에서의 해방을 주장하는 리요따르 사이에, 모든 규범성을 충분하게 포기하지 못하고 확정적인 근거를 추구하는 일 사이에 존재한다. 서구 문화를 '폭군의 배양'으로 규정한 니체의 말을 바티모는 동일성의 원리에 의한 존재의 역사가 만들어 낸 것이라고 본다. 그것은 획일적이며 다원성을 부정하는 단일문화에의 환상에 대한 지적이다. 이에 비해 바티모는 미학적 이성을 해석학적 이성으로 거론한다. 이러한 이성의 형상은 고려하고 이해하며, 스스로 드러나게 하는 이성이다. 미학적 이성의 지반에서 드러나는 다양한 합리성의 주장 사이에서 생기는 문제는 해석학적 이성으로 해결할 수 있다.

그것은 들뢰즈가 말하는 차이의 유목민적 가로지르기이다. 그 사유는 더 이상 라이프니츠(Leibniz) 식의 단자적(monad)이 아니라 유목민적(nomad)이다. 그것은 차이를 사유하는 것이며 그 차이들의 다원적 모습을 유목하는 것이다. 바로 그가 말하는 '리좀(Rhizom)'(1976)의 사유이다. 벨쉬는 이것을 가로지르는 이성, 미학적 합리성으로 표현하고 있다. 그것은 이성의 미학적 순간을 충족시키는 것, 즉 이성의 미학적 성취이다. 그는 이러한 문제에 대해 이성의 구조적 약화와 기능적 강함을 현대의 이성이 기획한 구상이 지닌 이중적 조건으로 생각한다. 그것은 결국 이성이란 형식이 드러내는 특성인 것이다. 그것은 보편과 중심주의를 '가로지르는 이성(Transversale Vernunft)'이다.

가로지르는 이성

가로지르는 이성은 이성이 지니는 전통적인 권한과 위치를 포기한다.[20] 그것은 만물의 원리(arche)에 작용하는 이성으로, 자신의 원리에 따라 판단하며 모든 것의 시금석이 되는 임무를 포기하는 것이다. 그러한 이성은 존재하는 것이 아니라 되어가는 이성, 즉 역동성으로 이해되는 이성이다. 그것은 '이행해가는' 이성을 의미한다. '이행(Übergänge)'이란 이성의 핵심적 능력이며, 이 이성이 형성해가는 영역을 의미한다. 가로지른다는 말은 이러한 이행의 과정이 수행하는 행위를 표현한 것이다. 즉, 여러 가지 다양한 복합체 사이를 횡적으로 연결시키는 성취행위를 묘사한다. 이질성과 복잡한 관계 맺음, 다원성과 이행을 종합적으로 사고할 수 있는 사유능력을 지닌 이성이다. 이러한 이성의 능력은 다원성에로 이행하는 것이기에, 다양한 교환과 경쟁의 형태, 상호교류와 수정, 상호 인정과 정의를 가능하게 한다. 합리성과 그 일관된 결과의 복합적인 구도를 가능하게 하며, 합리적인 구성 형태에서 복합적이며 다원적인 관계 맺음을 가능하게 한다.

이성은 이제 이러한 다양성 안에서 작용하며 합리성을 다양한 방식으로 펼쳐간다. 이러한 이성은 '합리성 가운데에 이행하는 이성'이다. 그의 위치는 상호합리적이며, 가로지르는 행동을 한다. 이러한 행위의 특징은 근본적으로 하나의 보편적 질서로 규정되지 않은 세계에서 이루어진다는 데 있다. 오늘날 문화 안에서 이런 모습은 이미 명백히 보여지고 있으며, 절실하게 다가오고 있다. 우리는 이러한 사유 안에서 현대의 문화를 인정하며 인지하고 이에 상응하는 형상으로 만들어가야 한다. 그 말은 가로지름의 이성을 현대의 원리로 실현시키는 능력을 뜻한다. 그것은 무엇보다도 이행성의 실천을 발전시킨다. 그 말은 이러한 실천으로 문화와 학문을 이끌어가는 새로운 원칙을 설정한다는 의미이다. 가로지르는 이성은 단순한 제원리의 통합을 넘어 원리들을 엮어내는 사유로 작용해야 한다. 이것은 학문의 세계에서 영역적인 관할권, 지배권, 학문원리들과 학문영역으로 분류되었던 역사를 극복하는 것이다.

오늘날의 학문체계는 사실 근대에서 형성된 학문 원리에 따른 것이다. 그 체계는 결코 절대적이거나 보편적인 것이 아니다. 분류하고 세분화하는 근대의 학문 패러다임은 포스트모더니즘의 사유 동기와 그 원리에 근거하여 새로운 학문 유형으로 전환될 것이다. 그것은, 미완의 기획인 포스트모더니즘의 철학적 원리가 탈근대를 지향함으로써 그에 적합한 학문 패러다임을 산출하게 된다는 의미이다.

제원리들을 통합하고 이것을 가로지르는 학문 원리의 탄생은 상호영향성에 근거한다. 이것이 탈근대의 인간을 형성하는 원리로 적용될 때 아울러 삶의 양식도 변화될 것이다. 가로지르는 이성의 구조는 삶의 다원성을 각인할 수 있다. 그것은 우리의 사고형식과 행위를 변경시키고 다른 형태로 바뀌게 될 것이다. 나아가 다른 양식과 다른 이미지, 다른 느낌(Nuance)을 풍기는 문화로 변화시킬 것이다. 여러 다양한 관점과 이해 양식을 진지하게 수용하며, 이러한 상황과 조건들의 다양성을 억압하지 않는다. 그것은 오히려 화해와 조정을 거쳐 다양한 모습들을 살아있는 형상으로 인식하게 된다는 의미이다. 그러기에 가로지르는 이성은 관계에 대해 성찰한다. 세계와 타자, 자연과 문화, 다원성과 다양성으로 맺어지는 관계성에 대한 성찰, 성찰하는 문화를 이끌어 낸다. 탈근대의 문화는 이러한 성찰함의 문화이며, 고정된 사물적 이해를 근본에서부터 변화시키는 문화이다. 미리 주어진 것을 변화시키며 삶의 관계와 양식을 고정된 것이나 선제된 것으로서가 아니라 형성되며 이루어지는 것으로 만들어 가는 문화이다. 그것은 수많은 다양한 비판과 관점에 따라 관계의 그물망과 그 원리를 발전시키는 통찰을 지닌다.

'새로운 신화학'의 사유

새로운 신화학의 근본 동기는 이미 초기 낭만주의, 특히 쉘링(Schelling)과 쉴레겔(Schlegel)에게서 발견할 수 있다. 이 새로운 신화학은 '도래하는 신'이라는 모형 안에서 발견되며, '잊어버린 근원'을 새로운 삶 안에 다시 불러오려는 탐구의 도정으로 이해할 수 있다. 서구 철학의 역사는 그 시작에서부터 인격적인 신의 표상과는 먼 거리를 유지하는 어두운 밤에 사로잡히게 되었다. 이를 하이데거가 신이 떠난 세계, 궁핍한 시대, 고향 상실 등으로 표현하였다면, 프랑크는 여기서 한 걸음 더 나아가 '도래하는 신'이라는 표어를 제시한다. 이로써 그는 서구 이성의 영역에서 잊혀져온 디오니소스적 구원의 희망을 조망한다. 이성의 원칙에서의 거리 유지, 주관·객관 도식에서부터의 격리를 통하여 하이데거는 그의 전 사유도정에서 존재의 의미를 추구하려 한다. 이를 위해 '잊어버린 근원'을 다시 발견하려 노력하였다. 이러한 사유의 기점들이 그에게서는 예술철학으로 표현되고 있다. 하이데거에 의하면 '예술은 존재의 진리가 작품 안에 자리잡은 것'이다. 그 의미는, 예술의 아름다움은 존재의 빛을 조명한다는 것이다. '아름다움과 진리는 둘 다 존재에 의하여 연결'되어 있다. 즉 그들은 존재자의 존재를 드러내는 방식이다. '근원 상실'은 전통 형이상학의 서구적 이성주의에서 유래한다. 더 정확히 말하여 모든 이론적 인식론에 그 바탕을 두고 있다. 근세 또는 근대가 이성의 원리에 사로잡혀 있다는 것은 신화에 대한 비판과 거부를 의미한다.

계몽주의 사고에서 벗어나려는 탈근대의 인간은 그러므로 '새로운 신화학'에 의하여 그 모순을 해소할 기대를 품고 있다.[21] 즉, 잊어버린 진리의 근원은 예술적 체험과 신화의 세계 안에서 새로이 인식될 수 있으리라는 희망에 따라 움직인다. 니체는 그 구원의 희망을 디오니소스적인 데서 찾는다. 이러한 관점에서는 횔덜린(F. Hölderlin) 역시 시(詩)가 이루어지는 것은 디오니소스의 탄생에서 구체화된다고 말한다. 이러한 고찰방식은 횔덜린에게서 뿐 아니라 노발리스(Novalis), 쉘링 그리고 쉴레겔에게서 역시 초기 낭만주의의 신화 수용이란 표현으로 나타나 보여진다. '새로운 신화학'의 도식은 '도래하는 신'이란 표상과 연관하여 포스트모더니즘과의 연결점으로 제시된다. 무엇보다도 쉘링의 예술에 대한 소견이 이 관점에서 상세한 이해와 연결점을 제시한다. 예술의 개방적 성격은 최소한 쉘링에 있어서 새로운 신화학의 형태 안에서 그 근원적 성격을 되찾게 된다. 서구 철학의 전통적 이성 이해에 대한 비판이 새로운 신화학을 위한 출발이다. 여기에는 쉘링의 '초월적 관념주의 체계'에 대한 사유와 쉴레겔의 '신화에 대한 담화'가 구체적 사유동기로 작용한다. 새로운 신화학에 따르면 이성이 더 이상 진리를 위한 터전에서 첫째가는 기준이 아니다. 이성이 자신을 '자기반성의 유일한 매개물'로 파악하던 시간은 지났다. 새로운 신화학의 여러 형태는 결국 논리적 이성이 진리 논의의 터전에서 지니는 전권을 폐기한다. 그 한 형태인 예술은 미적 관조가 이성의 최고의 행위라고 말한다. 이로써 예술 철학은 전통 철학을 해소하고 있다. 이제 예술이 '철학의 목표이며 미래'가 되고, 시작(詩作)이 '철학과 여타 학문,

도덕과 관습을 구별하는' 규준으로 그 정당성을 찾는다. 이러한 의미와 연결지어 하버마스는 포스트모더니즘의 노력이란 결국은 철학을 벗어나 '새로운 신화학'의 이념을 설정하려는 노력이라고 비판한다. 그것은 '새로운 신화학은 잊혀진 연대의식을 되돌리려 하며' '시작(詩作)을 인간성을 위한 스승'으로 자리매김한다는 것이다. 헤겔이 '철학에의 요구'라 부른 것이 이제 쉴레겔에서 니체에 이르기까지 새로운 신화학의 '이성비판을 위한 요구'로 그 모습을 바꾸게 된다.

그것은 전통 형이상학에 대한 비판, 실증 학문 또는 이성의 원칙에 대한 비판을 의미한다. 하버마스는 이에 주목하여 이러한 철학적 시도는 디오니소스적 메시아 사상을 생성시키기 위해 신화학을 예술·철학적으로 새롭게 단장한 것이라고 본다. 이는 신화로 철학을 대치하려는 시도로, 자리바꿈의 노력에 지나지 않는다. 이러한 디오니소스적 사상의 수용이란 결국 형이상학을 극복하려는 도상에서 탈근대적 사고라는 경계를 멋대로 넘어서는 행위로 규정될 뿐이다. 근대의 사고란 하버마스에 의하면 이성의 반성 능력이며, '이성의 신화'이다.

근대의 기획은 잘못된 것이 아니라 완성되지 못한 '미완의 기획'에 머물러 있을 뿐이다. 이에 반하여 사유의 또 다른 측면은 예술과 신화 등 이성의 구조에서 제외된 부분들이다. 하버마스는 포스트모더니즘이 근원으로 삼는 이러한 전반적인 측면들, 특히 예술의 시작(詩作)적 사유란 결국 새로운 신화주의적 존재론화에 지나지 않는다고 비판한다. 근대의 주체 철학에 대한 포스트모던적 비판은 이러한 인식론과 존재론에 대한 사유의 차이에 기인한다. 마침내 니체나 하이데거류의 철학에 근거한 근대 인식론 비판은 인식주체로서의 자아의 의식을 존재론으로 확장하고, 인식론을 존재론으로 대체하기에 이른다. 그러나 이 존재론은 전통 형이상학에서 이해하는 존재론과는 같지 않다. 그들은 단지 '의식의 철학'이 지니는 근본문제를 수정하기보다는 추상적으로 부정했을 뿐이다.

'새로운 신화학'의 프로그램은 '진리 주장의 모델'에 따르는 상호주관성(intersubjektivitt)의 매개에서부터 이해해야 한다. 프랑크는 이것을 상호주관성의 소통 가능성을 미학적 매개물로 재구성하는 것이라고 말한다. 그것은 인식론의 주관·객관 도식 안에로 축소되어버린 진리 이해의 틀이 이 '새로운 신화학' 안에서 수정·보완되어 체험되는 것이다. 진리는 다시금 그의 전체성 안에서 부분적이지 않게 그리고 광범위하게 파악된다. 그 진리 이해의 틀은 두 개의 상이한 진리 모형을 연결한다. 그 하나는 존재가 지니는 의미를 드러내는 진리 모형(의미 개현성)이다. 또 다른 모형은 언표문장 안에 드러난 실재성을 발견하는 진리 모형(사실 발견성)이다. 이러한 진리 모형의 통합틀에 의하여 전체적 진리와 진리 주장의 구조틀 통합, 즉 진리 주장의 모형을 통합한다는 담론을 제기한다. 이러한 진리 도식은 진리의 본질 파악에 있어서의 구조틀(Paradigm) 변화로 이해되어야 한다.

진리 모형의 틀 변화는 바로 관점의 방향을 전환하게 만든다. 이를 위해 무엇보다도 먼저 이성의 지배를 해체시킬 필요가 있다. 그것은 곧 새로운 '이성' 이해로 나아가게 될 것이다. 이 점에서 하이데거는 다음과 같이 표현하였다. "우리가 지난 세기 동안 영광을 누렸던 이성이 사고의 가장 완고한 적대자란 것을 체험할 수 있을 때, 비로소 사유는 시작된다."[22]

우리의 탈근대-포스트모더니즘을 넘어

오늘날 후기 산업사회는 16세기 이래 시작된 근대의 정신이 계몽주의 근대를 거쳐 극대화된 시기로 이해할 수 있다. 즉, 근대성은 현대 사회를 규정하는 근거로 작동하면서, 이 사회와 문화를 형성하는 체제를 완성시켰다는 뜻이다. 그러한 체계가 오늘날 후기 산업사회에서는 신자유주의로 대변되는 자본주의, 과학·기술주의와 민족국가 중심의 정치적 민주주의로 극대화되고 있다. 그럼에도 이러한 근대의 체계는 오늘날 수많은 역기능, 세계적인 모순과 갈등을 초래하고 있다. 따라서 서구에서도 이에 대한 비판은 여러 영역에서 수차례 제기되었다. 그것은 근대의 핵심 사유에 대한 비판, 이성중심주의에 대한 비판, 고전물리학과 과학·기술주의, 민족국가중심주의와 자본주의에 대한 비판과 그 역기능을 성찰하고 보완하려는 노력으로 주어졌다. 그럼에도 그들은 근대의 기획 자체를 문제시하지는 않았다. 오늘날 포스트모더니즘으로 대변되는 탈근대적 문화·철학운동은 이러한 맥락에 따라서야 제대로 이해된다. 이는 일차적으로 보편주의와 중심주의에 대한 반대, 전체주의와 이성중심주의에 대한 거부를 의미한다. 포스트모던 운동이 이러한 조류에 대한 유럽 자체 내의 반발로 큰 영향력을 행사하였으나, 아쉽게도 그들은 2,500여 년의 서구 존재자적 역사, 존재 중심이자 이성 중심의 세계관에 대해 부정적이며 소극적인 비판과 반발에 그침으로 대안적 사유를 제시하는 데는 실패하였다. 동양사상에 대한 유럽인들의 관심에는 이러한 이성중심주의와 합리성의 체계를 극복하는 실마리로, 신비주의적이며 전일적이고 유기체적 사유의 실마리를 찾으려는 안간힘이 담겨있다. 그러나 여기에는 하나의 사유가 형성된 지평을 무시하는 해석학적 오류가 숨어있다. 이러한 서구 철학계의 문제의식과 상관없이 우리 학계는 여전히 서구 추수주의에 사로잡혀 있다. 바로 '포스트모더니즘' 열풍이 그것을 잘 보여 주고 있다.

오늘날 학계에서 이미 진부한 논의로 일축하고 있는 포스트모던 논쟁을 우리는 제대로 정리하거나 극복하지도 못하였다. 그럼에도 우리는 서구 학계를 주목하면서 그들이 생산한 또 다른 논의로 관심을 돌리고 있다. 그들은 결코 우리의 현실을 우리가 생산한 이론틀에 따라 성찰하는 작업을 전개하지 않는다. '포스트모더니즘'을 탈근대성과 탈형이상학의 맥락에서 진지하게 사색하고 정리하며 극복하려는 노력은 이미 지나가 버린 노래가 되고 있다. 우리의 문제를 진지하게 사유하고 고뇌하는 예언자(豫言者)적 학자는 어디에 있는가. 우리 인문학은 자신의 문제와 동떨어진, 수입이론 중심의 논의를 전개한다는 미성숙한 모습에서 아직도 벗어나지 못하고 있다. 이 땅의 현재와 소통하기 위해서는 우리의 근대와 탈근대 문제를 성찰하고, 나아가 그를 극복할 대안적 사유의 노력이 절실하다. 그때 포스트모더니즘의 긍정적 동기와 그 지적 논의들은 매우 큰 의미를 지닐 것이다.

'근대를 벗어나기 위한' 노력의 실마리는 이러한 철학적 사유에서 시작될 것이다. 이러한 논의는 근대 이후 우리의 학문적 역량이 성숙되면서 자연스럽게 그 시점이 대두된 측면도 있지만, 다른 한편으로는 유럽세계가 당면하고 있는 '철학의 종말'이란 큰 흐름에 기인한 측면도 있다. 헤라클레이토스(Heracleitos)와 파르메니데스(Parmenidês) 이래 유럽의 철학과 인문학은 이성의 원리에 따라 세계를 해석하는 틀을 정립하였다. 그러한 전통은 시대와 시대를 이어가면서 때로는 동일성의 원리로, 때로는 인식론적 이원론으로 때로는 다원론의 형태로 그 모습을 바꾸어 드러나곤 하였다. 이러한 사유의 완성 또는 한계가 오늘날 우리가 보는 유럽의 근대성이며 그에 대한 대안 없는 반발이 '포스트모더니즘' 논의이다.

유럽의 근대성은 존재론적 동일성의 원리를 이성중심주의,

인간중심주의, 유럽중심주의 등으로 변형시킨 '중심주의'적 사고체계이다. 그것은 주변부를 소외시킴으로써 감성과 여성, 자연과 타자, 비유럽세계의 존재 근거를 탈취한다. 이러한 근대성이 정치적으로 성공한 것이 서구 민주주의이며, 세계와 실재를 해석하는 틀로서 자신의 위치를 공고히 한 것이 과학주의와 기계론적 세계관이며, 실생활에서 구체화되어 세계적인 승리의 개선행진을 울린 것이 자본주의이다. 이렇게 유럽 근대성이 구현된 과학주의와 민주주의, 자본주의는 오늘날 마치 인간의 일반적 현상인 양 '보편'이란 이름으로 자신의 세계를 확고히 선포하고 있다.

1876년 강화도조약은 서구의 근대가 우리에게 전해진 상징적 사건이다. 그 이후 100여 년 동안 근대는 우리의 운명이 되었으며, '보편'이 되고 모든 가치 판단의 준거점이 되었다. 근대화는 지상과제가 되었고, 우리의 전승은 '전근대'란 이름으로 타파해야 할 대상으로 여겨졌다. 이러한 평가가 과연 정당한 것일까. 사회적 의미에서의 근대는 우리가 수용한 것이지만, 그럼에도 우리는 철학적 의미에서 이 근대성을 성찰하지는 못하였다. 우리의 근대는 이러한 의미에서 서구 근대의 원리에 대한 수용 없이 그 성과와 결과물만을 단순 수용한 결과일 뿐이다. 그러기에 그것은 지체된 근대이며 착종된 근대이다. 이러한 혼란된 근대의 수용을 성찰하는 것은 역사적 흐름과 철학적 맥락을 상실한 서구 근대의 완성에 있지 않고, 그 뒤틀린 현상 자체를 반성하는 사유에 자리한다.

깨어진 규범을 대신해야 할 새로운 규범을 찾지 못하고 그 자리에 맹목적 자본주의를 이식하고, 그 논리에 따라서만 세계를 규정하려 한다. 산업화와 과학화를 외치는 소리는 결국 과학기술주의가 진리의 기준으로 작용하는 시대일 뿐이다. 우리의 근대가 역사 문화적 맥락을 벗어나 착종된 것은 바로 이러한 이유 때문이다. 우리 문화 안에 근대·전근대·탈근대의 요소가 혼재되어 있다는 말을 이러한 성찰에 근거하지 않고 무분별하게 사용할 때 그것은 의미 없는 논의에 그칠 뿐이다.

우리에게 근대는 없었을지 모르지만, 이식된 근대를 이중으로 벗어나는 탈근대는 존재할 수 있다. 물질 중심의 자본주의와 세계의 내적 원리에 대한 성찰의 결여, 그 결실만을 유입하는 일방적 과학·기술주의 때문에 생기는 착종된 현상이 우리의 근대라면, 그 근대의 원리를 성찰하는 것이 근대 극복의 첫 출발이 될 것이다. 그런 의미에서 어떤 형태로든 서구의 근대를 수용하고 변용했던 역사를 성찰해야 한다. 그로써 근대를 벗어나고 넘어서는 새로운 사유의 틀을 만들어야 할 것이다. 그것은 이 근대의 원리와 정당성을 일면 수용하면서도 일면 새로운 근대, 즉 우리 자신에서 성찰된 새로운 사유틀을 정립하는 일이다. 근대를 벗어나려는 노력은 이런 측면에서 당위성을 지닌다. 우리의 근대는 농경사회에서 산업사회로의 전환에 필요한 규범과 사유의 틀을 창출하지 못하고, 서구의 근대라는 외적 기준이 내적 원리에 침입함으로써 빚어진 결과이다. 그 뒤섞인 현실과 역기능을 극복하는 것이 '(우리의) 근대를 벗어나기'위한 담론에 담긴 철학적 의미이다. 따라서 탈근대의 문제는 우리의 문제지평에서 시대의 흐름을 인식하고 문제사를 전개해간다는 의미를 지닌다. 그것은 우리의 실재와 이야기, 우리의 역사와 삶을 담아내고 그것을 해석할 수 있는 사유와 이해의 틀, 인식체계를 정립하는 사유 작업이다. 그럼으로써 서구의 근대와 우리의 근대가 지니는 문제를 이중으로 극복하려는 성찰적 사유이다. 서구의 근대가 자신의 문제를 교정하기 위해 '성찰적 근대'로 방향잡아 간다면, 우리의 근대는 성찰적 탈근대를 지향한다.

이러한 탈근대의 원리는 다원적인 총체성에서 찾아야 한다. 그것은 서구 근대성의 헛된 보편주의가 아닌, 모든 인간이 공유하는 올바른 원리에서 얻어낸 진정한 보편성이다. 그것은 구체적 시간과 공간 안에서 드러나는 개체성과 차이성의 어우러짐을 이끌어가는 길이며, 중심에의 통합을 거부하는 다원적 중심성을 의미한다. 탈근대의 사유는 유럽과 유럽의 근대성을 극복하면서, 다른 한편 우리의 철학적 사유의 틀을 생성하려는 초월적 극복의 노력이다. 그것은 철학적 해석의 원리나 사유의 틀, 이해와 지식의 틀(Episteme)을 통한 작업이다. 인간에 대한 탈근대적 이해 역시 본질 세계가 아닌, 생명과 자연, 문화라는 지평에서 주어질 것이다. 그러기에 '다가올 사유는 더 이상 철학이 아니'라는 말처럼, 그리고 철학의 종말이 더 이상 사유의 종말을 의미하지 않는다면, 그것은 철학 이후의 철학이며 탈형이상학의 형이상학이 될 것이다. 여기에 포스트모더니즘의 동기는 일정 부분 우리의 근대 비판과 문제의식을 공유하며, 그 결과는 근대 극복과 탈근대의 사유틀 형성에 많은 자극과 보탬을 줄 것이다. 그래서 포스트모더니즘은 오늘도 여전히 유효하다.

주

1) J.F. Lyotard, "Retour au postmderne", *Magazine littéraire*, no.225, Decembre 1985, p.43.
2) M. Frank, *Was ist Neostrukturalismus?*, Frankfurt. M., 1983.
3) W. Welsch, *Unsere postmoderne Moderne*, Weinheim, 1987.
4) J. Habermas, *Die Moderne-ein unvollendetes Projekt*, Frankfurt. M., 1980.
5) G. Vattimo, *Das Ende der Moderne*(Milano 1985), Stuttgart, 1990; Jenseits vom Subjekt, *Nietzsche, Heidegger und die Hermeneutik*, Wien/Graz, 1986; "Verwindung: Nihilismus und Postmoderne in der Philosophie", W. Welsch, *Wege aus der Moderne*, hrsg. Weinheim, 1988, S. 233-246.
6) I. Kant, "Was ist Aufklärung?", *Berlinische Monatschrift*, Dezember-Nummer, 1784.
7) P. Tepe, *Poststrukturalism*, Wien, 1991.
8) M. Frank, *Was ist Neostrukturalismus?*, Frankfurt M., 1986. 프랑크는 후기구조주의를 신구조주의라 이름한다.
9) W. Welsch, *Unsere postmoderne Moderne*, 위의 책.
10) J.F. Lyotard, *Das Postmoderne Wissen : Ein Bericht*, Graz/Wien, 1986, S. 16.
11) E. Bloch, "Differenzierung im Begriff Fortschritt", *Tübinger Einleitung in die Philosophie*, Frankfurt M., 1985.
12) M. Weber, *Gesammelte Aufsätze zur Religionssoziologie* I, Tübingen, 1986.
13) M. Heidegger, "Nur noch ein Gott kann uns retten", Spiegel-Gespräch, *Der Spiegel*, 23, 1976.
14) M. Foucault, *Les mots et les choses*, 1966.
15) J. Derrida의 묵시론적 사유, 신의 죽음과 묵시론적 종말은 근대의 대표적 이념들의 종말을 의미한다 : *Apokalypse*, Graz-Wien, 1985.
16) 여기서 문제가 되는 것은 포스트역사주의(posthistoire)와의 관련이다. 근대 이후 역사가 전체적으로 종결되었다고 생각하

고, 모든 진보와 발전, 차이를 폐기하는 역사의 종말이란 명제를 주장하는 포스트역사주의와 포스트모더니즘은 아무런 관련성이 없다. 포스트모던에서 말하는 진보의 부정은 역사에 내재된 법칙에 따란 합목적론적 진보의 개념이다.

17) J. Derrida, *Marges de la philosophie*, Paris, 1972.

18) G. Vattimo, *Jenseits vom Subjeckt* 또한 M. Heidegger, *Identität und Differenz*, Pfullingen, 1957.

19) 바티모의 철학에 대해, *Le aventure della differenza*, Milano, 1979 ; G. Vattimo/Pier Aldo Rovatti(ed.), *Il pensiero debole*, Milano, 1983.

20) W. Welsch, *Vernunft: Die zeitgenössische Vernunftkritik und das Konzept der transversalen Vernunft*, Frankfurt M., 1996, 946ff.

21) 이 점에서 하버마스는 새로운 신화학을 니체와 하이데거에서 기인한 것으로 보며, 포스트모더니즘의 중요한 사상적 원천이라 주장한다 : *Der philosophische Diskurs der Moderne. Zwölf Vorlesungen*, Frankfurt M., 1985.

22) M. Heidegger, *Gott ist tot/Holzwege*, Frankfurt M., 1950, S. 247.

포스트모더니즘에 대한 성찰

펴낸날 초판 1쇄 2003년 8월 30일
초판 16쇄 2018년 10월 12일

지은이 신승환
펴낸이 심만수
펴낸곳 (주)살림출판사
출판등록 1989년 11월 1일 제9-210호

주소 경기도 파주시 광인사길 30
전화 031-955-1350 팩스 031-624-1356
홈페이지 http://www.sallimbooks.com
이메일 book@sallimbooks.com

ISBN 978-89-522-0126-3 04080
978-89-522-0096-9 04080(세트)

※ 값은 뒤표지에 있습니다.
※ 잘못 만들어진 책은 구입하신 서점에서 바꾸어 드립니다.

026 미셸 푸코

eBook

양운덕(고려대 철학연구소 연구교수)

더 이상 우리에게 낯설지 않지만, 그렇다고 손쉽게 다가가기엔 부담스러운 푸코라는 철학자를 '권력'이라는 열쇠를 가지고 우리에게 열어 보여 주는 책. 권력은 어떻게 작용하는가에서 논의를 시작하여 관계망 속에서의 권력과 창조적 · 생산적 · 긍정적인 힘으로서의 권력을 이야기해 준다.

027 포스트모더니즘에 대한 성찰

eBook

신승환(가톨릭대 철학과 교수)

포스트모더니즘의 역사와 논의를 차분히 성찰하고, 더 나아가 서구의 근대를 수용하고 변용시킨 우리의 탈근대가 어떠한 맥락에서 이해되는지를 밝힌 책. 저자는 오늘날 포스트모더니즘으로 대변되는 탈근대적 문화와 철학운동은 보편주의와 중심주의, 전체주의와 이성 중심주의에 대한 거부이며, 지금은 이 유행성의 뿌리를 성찰해 볼 때라고 주장한다.

202 프로이트와 종교

eBook

권수영(연세대 기독상담센터 소장)

프로이트는 20세기를 대표할 만한 사상가이지만, 여전히 적지 않은 논란과 의심의 눈초리를 받고 있다. 게다가 신에 대한 믿음을 빼앗아버렸다며 종교인들은 프로이트를 용서하지 않을 기세이다. 기독교 신학자인 저자는 이 책을 통해 종교인들에게 프로이트가 여전히 유효하며, 그를 통하여 신앙이 더 건강해질 수 있다는 점을 보여 주려 한다.

427 시대의 지성 노암 촘스키

eBook

임기대(배재대 연구교수)

저자는 노암 촘스키를 평가함에 있어 언어학자와 진보 지식인 중 어느 한 쪽의 면모만을 따로 떼어 이야기하는 것은 불합리하다고 말한다. 이 책에서는 촘스키의 가장 핵심적인 언어이론과 그의 정치비평 중 주목할 만한 대목들이 함께 논의된다. 저자는 촘스키 이론과 사상의 본질에 다가가기 위한 이러한 시도가 나아가 서구 사상을 받아들이는 우리의 자세와도 연결된다고 믿고 있다.

024 이 땅에서 우리말로 철학하기

이기상(한국외대 철학과 교수)

우리말을 가지고 우리의 사유를 펼치고 있는 이기상 교수의 새로운 사유 제안서. 일상과 학문, 실천과 이론이 분리되어 있는 '궁핍의 시대'에 사는 우리에게 생활세계를 서양학문의 식민지화로부터 해방시키고, 서양이론의 중독으로부터 벗어나야 한다고 역설한다. 저자는 인간 중심에서 생명 중심으로의 변환과 관계론적인 세계관을 담고 있는 '사이 존재'를 제안한다.

025 중세는 정말 암흑기였나

eBook

이경재(백석대 기독교철학과 교수)

중세에 대한 친절한 입문서. 신과 인간에 대한 중세인의 의식을 다루고 있는 이 책은 어떻게 중세가 암흑시대라는 일반적인 인식을 가지게 되었는지에 대한 물음을 추적한다. 중세는 비합리적인 세계인가, 중세인의 신앙과 이성은 어떠한 관계를 갖고 있는가 등에 대한 논의를 하고 있다.

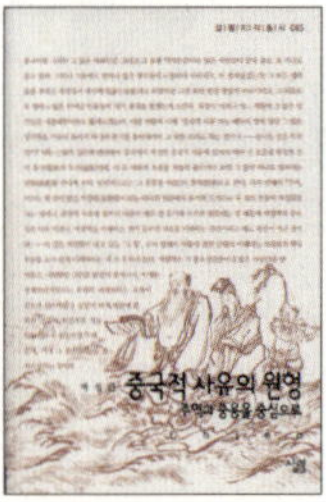

065 중국적 사유의 원형

eBook

박정근(한국외대 철학과 교수)

중국 사상의 두 뿌리인 『주역』과 『중용』을 철학적 관점에서 접근한다. '산다는 것은 무엇인가?'라는 근원적 질문으로부터 자생한 큰 흐름이 유가와 도가인데, 이 두 사유의 흐름을 거슬러 올라가다 보면 그 둘이 하나로 합쳐지는 원류를 만나게 된다. 저자는 『주역』과 『중용』에 담겨 있는 지혜야말로 중국인의 사유세계를 지배하는 원류라고 말한다.

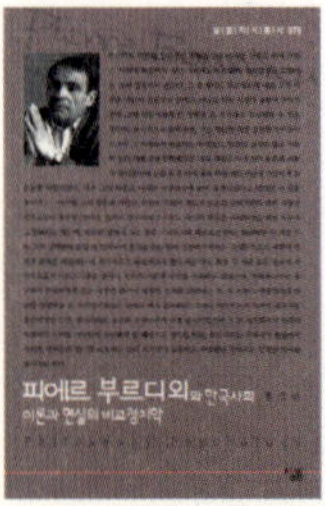

076 피에르 부르디외와 한국사회

eBook

홍성민(동아대 정치외교학과 교수)

부르디외의 삶과 저작들을 통해 그의 사상을 쉽게 소개해 주고 이를 통해 한국사회의 변화를 호소하는 책. 저자는 부르디외가 인간의 행동이 엄격한 합리성과 계산을 근거로 행해지기보다는 일정한 기억과 습관, 그리고 사회적 전통에 영향을 받는다는 사실로부터 시작한다는 점을 강조한다.

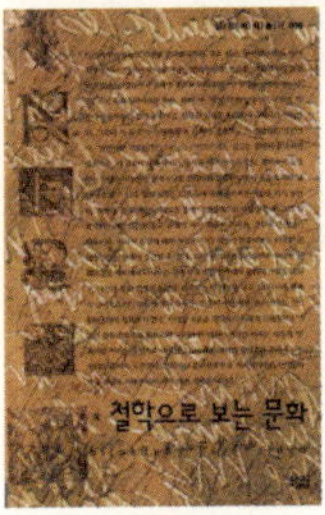

096 철학으로 보는 문화

eBook

신응철(숭실대 인문과학연구소 연구교수)

문화와 문화철학 연구에 관심 있는 사람을 위한 길라잡이로 구상된 책. 비교적 최근에 분과학문으로 등장하기 시작한 문화철학의 논의에 반드시 들어가야 할 요소를 선택하여 제시하고, 그 핵심 내용을 제공한다. 칸트, 카시러, 반 퍼슨, 에드워드 홀, 에드워드 사이드, 새무얼 헌팅턴, 수전 손택 등의 철학자들의 문화론이 소개된다.

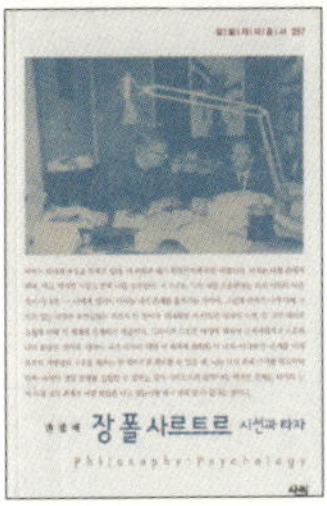

097 장 폴 사르트르

eBook

변광배(프랑스인문학연구모임 '시지프' 대표)

'타자'는 현대 사상에 있어 가장 중요한 개념 중 하나이다. 근대가 '자아'에 주목했다면 현대, 즉 탈근대는 '자아'의 소멸 혹은 자아의 허구성을 발견함으로써 오히려 '타자'에 관심을 갖게 되었다. 그리고 타자이론의 중심에는 사르트르가 있다. 사르트르의 시선과 타자론을 중점적으로 소개한 책.

135 주역과 운명

eBook

심의용(숭실대 강사)

주역에 대한 해설을 통해 사람들의 우환과 근심, 삶과 운명에 대한 우리의 자세를 말해 주는 책. 저자는 난해한 철학적 분석이나 독해의 문제로 우리를 데리고 가는 것이 아니라 공자, 백이, 안연, 자로, 한신 등 중국의 여러 사상가들의 사례를 통해 우리네 삶을 반추하는 방식을 취한다.

450 희망이 된 인문학

eBook

김호연(한양대 기초 · 융합교육원 교수)

삶 속에서 배우는 앎이야말로 인간의 운명을 바꿀 수 있는 기회를 준다. 그래서 삶이 곧 앎이고, 앎이 곧 삶이 되는 공부를 하는 것이 무엇보다 중요하다. 저자는 인문학이야말로 앎과 삶이 결합된 공부를 도울 수 있고, 모든 이들이 이 공부를 할 수 있어야 한다고 믿는다. 특히 '관계와 소통'에 초점을 맞춘 인문학의 실용적 가치, '인문학교'를 통한 실제 실천사례가 눈길을 끈다.

eBook 표시가 되어있는 도서는 전자책으로 구매가 가능합니다.

024 이 땅에서 우리말로 철학하기 | 이기상
025 중세는 정말 암흑기였나 | 이경재 eBook
026 미셸 푸코 | 양운덕 eBook
027 포스트모더니즘에 대한 성찰 | 신승환 eBook
049 그리스 사유의 기원 | 김재홍 eBook
050 영혼론 입문 | 이정우
059 중국사상의 뿌리 | 장현근 eBook
065 중국적 사유의 원형 | 박정근 eBook
072 지식의 성장 | 이한구 eBook
073 사랑의 철학 | 이정은 eBook
074 유교문화와 여성 | 김미영 eBook
075 매체 정보란 무엇인가 | 구연상 eBook
076 피에르 부르디외와 한국사회 | 홍성민 eBook
096 철학으로 보는 문화 | 신응철 eBook
097 장 폴 사르트르 | 변광배 eBook
123 중세와 토마스 아퀴나스 | 박경숙 eBook
135 주역과 운명 | 심의용 eBook
158 칸트 | 최인숙 eBook
159 사람은 왜 인정받고 싶어하나 | 이정은 eBook
177 칼 마르크스 | 박영균
178 허버트 마르쿠제 | 손철성 eBook
179 안토니오 그람시 | 김현우
180 안토니오 네그리 | 윤수종 eBook
181 박이문의 문학과 철학 이야기 | 박이문 eBook
182 상상력과 가스통 바슐라르 | 홍명희 eBook
202 프로이트와 종교 | 권수영 eBook
289 구조주의와 그 이후 | 김종우 eBook
290 아도르노 | 이종하 eBook
324 실용주의 | 이유선
339 해체론 | 조규형
340 자크 라캉 | 김용수
370 플라톤의 교육 | 장영란 eBook
427 시대의 지성 노암 촘스키 | 임기대 eBook
441 소크라테스를 알라 | 장영란 eBook
450 희망이 된 인문학 | 김호연 eBook
453 논어 | 윤홍식 eBook
454 장자 | 이기동 eBook
455 맹자 | 장현근 eBook
456 관자 | 신창호 eBook
457 순자 | 윤무학 eBook
459 사주(四柱) 이야기 | 이지형 eBook
467 노자 | 임헌규 eBook
468 한비자 | 윤찬원 eBook
469 묵자 | 박문현 eBook
470 나는 누구인가 | 김용신 eBook
475 버트런드 러셀 | 박병철
476 에드문트 후설 | 박인철
477 공간 해석의 지혜, 풍수 | 이지형
478 이야기 동양철학사 | 강성률
479 이야기 서양철학사 | 강성률
480 독일 예몽주의의 유학적 기초 | 전홍석

㈜살림출판사
www.sallimbooks.com
주소 경기도 파주시 문발동 522-1 | 전화 031-955-1350 | 팩스 031-955-1355